Mi
Biblia
para cada día

Para

....

De

....

En ocasión de

....

EDITORIAL
PORTAVOZ

Título del original: *Candle Day by Day Bible*.
Texto por Juliet David. Ilustraciones por Jane Heyes.
Publicado originalmente en inglés por Lion Hudson plc, Oxford, Inglaterra.
copyright © 2014 Lion Hudson / Tim Dowley Associates.

Edición en castellano: *Mi Biblia para cada día*, © 2015 por Editorial Portavoz, filial de Kregel
Publications, Grand Rapids, Michigan 49505.
Todos los derechos reservados.

Traducción: Nohra Bernal

EDITORIAL PORTAVOZ
2450 Oak Industrial Drive NE
Grand Rapids, Michigan 49505 USA
Visítenos en: www.portavoz.com

ISBN: 978-0-8254-5658-9

1 2 3 4 5 / 19 18 17 16 15

Printed and bound in Singapore
Impreso y encuadernado en Singapur

Mi Biblia para cada día

por Juliet David
ilustraciones por Jane Heyes

Editorial PORTAVOZ

ANTIGUO TESTAMENTO

NUEVO TESTAMENTO

ANTIGUO TESTAMENTO

*Dios, en el
principio, creó
los cielos y la
tierra.*

Génesis 1:1

*¿Qué crees
que hizo Dios
después?*

En el principio

En el principio, Dios hizo los cielos y la tierra.

No había personas. Ni animales. Ni había vida.

Y no había luz. Todo estaba oscuro. Muy oscuro. Completamente oscuro.

Y muy vacío.

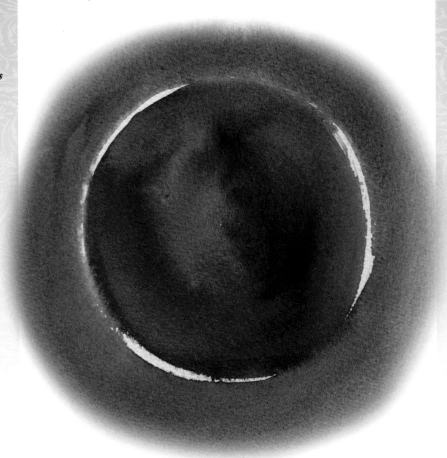

El primer día

Entonces, el primer día, Dios dijo: «¡Que haya luz!».
Y hubo luz.
Dios llamó a la luz «día» y a la oscuridad «noche».
Y Dios vio que era bueno.
¡Ese fue el primer día!

*Entonces Dios
dijo: «Que
haya luz».*

Génesis 1:3 NTV

***¿Cuántos días
necesitó Dios
para crear el
mundo?***

Cielo, mar y tierra

El segundo día, Dios puso agua en el mar y nubes en el cielo.

Dios vio que era bueno.

Entonces, el tercer día, Dios hizo océanos, lagos, ríos, cataratas y arroyos.

Él hizo tierra seca: montañas, colinas y valles.

Luego Dios dijo: «Que la tierra se vuelva verde. Que crezcan flores, hierba y árboles. ¡Que tengan semillas y fruto!».

Hierba verde, flores de colores y árboles altos empezaron a crecer sobre la tierra. Había tantas clases diferentes que era imposible contarlas todas.

¿Cuántas clases de flores y árboles conoces?

12

Sol, luna y estrellas

El cuarto día, Dios dijo: «¡Debería haber luces en el cielo! Eso va a ayudar a dividir el tiempo en horas, días, meses y años».

Así que Dios hizo la primavera y el verano, el tiempo de la cosecha y el invierno.

Hizo el sol resplandeciente para calentar la tierra durante el día.

Dios vio que la noche era muy oscura, así que puso en el cielo la luna y las estrellas. Esa noche salieron por primera vez la luna y las estrellas brillantes.

¡Así terminó el cuarto día!

Y todo era bueno.

Y dijo Dios: «¡Que haya luces en el firmamento!».

Génesis 1:14

¿Contemplas a veces con asombro el cielo en la noche?

13

Criaturas que nadan y vuelan

Entonces Dios los bendijo.

Génesis 1:22 NTV

¡Imagina cuántas criaturas aparecieron el quinto día!

El quinto día, Dios dijo: «¡Que haya criaturas vivientes en el agua y en el aire!».

Entonces hizo peces y todas las demás criaturas que nadan: medusas, anguilas, tiburones, ballenas y tortugas. Peces voladores, delfines, cangrejos y caballitos de mar.

Y Dios hizo los pájaros y todas las demás criaturas voladoras. Águilas que vuelan entre las nubes, halcones que bajan en picada y colibríes que aletean a toda velocidad. Pájaros cantores y búhos que ululan.

Y Dios vio que esto era bueno. ¡Ese fue el quinto día!

Historia 6

Vida sobre la tierra

El sexto día, Dios dijo: «¡Que haya seres vivientes sobre la tierra!».

Así fue que Él creó todas las criaturas que viven sobre la tierra. Algunas inmensas como los elefantes, y otras diminutas como los ratones. Algunos guapos como los tigres, y otros graciosos como los osos hormigueros. Algunos, como los guepardos, podían correr rápido; otros, como las tortugas, se movían muy despacio. Y Dios hizo los insectos, algunos que volaban, otros que se arrastraban, y otros saltarines.

Dios vio que todo era muy bueno.

¿Crees que algo faltaba en la tierra?

Y dijo Dios: «¡Que produzca la tierra seres vivientes!».

Génesis 1:24

16

Humanos

A pesar de todo, Dios pensó que algo faltaba.

Entonces dijo: «¡Ahora voy a crear a los humanos!».

Dios tomó polvo de la tierra y formó el cuerpo del hombre. Sopló en su nariz aliento de vida, y el hombre cobró vida.

Dios llamó a ese primer hombre Adán.

Adán era diferente de los animales, porque era semejante a Dios.

Dios creó al ser humano a su imagen.

Génesis 1:27

¿En qué se diferencian los humanos de otros animales?

Adán y Eva

Dios sabía que no era bueno que Adán fuera el único ser humano. Adán necesitaba compañía.

Así que Dios le sacó una de sus costillas e hizo a la mujer. Su nombre era Eva.

Y Dios les dijo «Formen una familia. Dejen que su familia se disperse poco a poco por toda la tierra. Su trabajo es cuidar a los peces, los pájaros y todas las criaturas vivientes».

**¿Por qué creó
Dios a Eva?**

Todo quedó terminado

Cuando llegó el séptimo día, Dios... descansó de toda su labor.

Génesis 2:2 NTV

¿Dónde crees que vivían Adán y Eva?

La tierra y los cielos, las plantas, los animales y los seres humanos fueron creados en seis días.

Dios vio todo lo que había hecho. ¡Todo era muy bueno!

Y el séptimo día, Dios descansó.

No hizo nada nuevo.

«Ya he terminado lo que tenía que hacerse», dijo Dios.

Así fue como Dios creó los cielos y la tierra.

En el jardín

Dios entregó a Adán y a Eva un hermoso jardín para que vivieran allí.

Se llamaba el jardín del Edén.

Dios le dijo a Adán: «Ponles nombre a todos los animales que he creado».

¡Adán se divirtió mucho inventando nombres para todas las criaturas vivientes! Cocodrilos y orugas, hipopótamos y tortugas, ardillas y marsopas.

¿Cuál te parece el nombre de animal más gracioso?

El hombre fue poniéndoles nombre a todos los animales domésticos, a todas las aves... y a todos los animales del campo.

Génesis 2:20

Un árbol especial

El jardín estaba lleno de maravillosos árboles frutales.

«¡Disfruta del jardín! —le dijo Dios a Adán—. Puedes comer todo lo quieras».

Pero le hizo una advertencia:

«Nunca debes comer el fruto de ese árbol especial que está en medio del jardín —dijo Dios—. Ese es el árbol del conocimiento del bien y del mal. Si pruebas el fruto de ese árbol, morirás».

¿Lo probaron?

Dios el SEÑOR tomó el hombre y lo puso en el jardín del Edén para que lo cultivara y lo cuidara.

Génesis 2:15

Paz en el jardín

Del Edén nacía un río que regaba el jardín.

Génesis 2:10

Adán y Eva empezaron a explorar el jardín.

Disfrutaron de las flores y los frutos, y se sentaron junto a los ríos y los lagos.

Caminaron en medio de los árboles y se recostaron en la hierba suave.

Adán y Eva cuidaban todas las criaturas que vivían en paz con ellos en el jardín del Edén.

¿Puedes imaginar cómo era la vida en el jardín del Edén?

La serpiente habla

La serpiente
era más astuta
que todos los
animales del
campo.

Génesis 3:1

Un día, una astuta serpiente se deslizó hasta llegar junto a Eva.

—Sssss —siseó—. ¿Por qué no le das un bocado al fruto de este árbol?

—¡No! —respondió Eva—. Podemos comer de todos los árboles excepto del árbol del conocimiento del bien y del mal. Dios dijo que si comemos de ese fruto moriremos.

—¡No, no morirán! —le dijo la serpiente—. Prueba nada más un poco. No te hará daño. Te diré un secreto: ¡te volverá tan sabia como Dios!

Así que Eva dio un bocado al fruto del árbol prohibido.

¿Por qué crees que Eva comió del fruto?

El fruto prohibido

Poco después llegó Adán donde se encontraba Eva.

—¡Mira, prueba este fruto! —le dijo a Adán—.
Yo lo probé, y no me hizo ningún daño.

Le dio a probar el fruto a Adán.

Él también comió del fruto prohibido.

¿Qué dijo Dios acerca de esto?

*La mujer vio
que el fruto del
árbol era bueno
para comer,
y que tenía
buen aspecto
y era deseable
para adquirir
sabiduría.*

Génesis 3:6

25

Culpa

Historia
15

Esa tarde Dios vino a recorrer el jardín del Edén.

Adán y Eva se escondieron detrás de unos árboles.

—¡Adán! ¿Dónde estás? —llamó Dios.

No tardó en encontrarlo.

—¿Por qué te escondías de mí? —le preguntó.

—Tenía miedo —contestó Adán.

—¿Por qué? —preguntó Dios—. ¿Has comido del fruto del árbol que te prohibí comer?

—Eva me dio del fruto, y yo comí —dijo Adán.

—La astuta serpiente me engañó —explicó Eva, culpando también a alguien más—. Por eso comí del fruto.

Cuando el día comenzó a refrescar, oyeron... que Dios el Señor andaba recorriendo el jardín.

Génesis 3:8

Este fue su último día en el jardín.

26

¡Castigo!

Dios les dijo: «Puesto que han comido del fruto que yo les prohibí comer, siempre tendrán que trabajar duro para sacar sus cosechas. Y un día los dos morirán».

Dios estaba muy triste. Adán y Eva no habían hecho lo que Él les había mandado.

Así que Dios los echó para siempre del jardín del Edén.

Dios puso ángeles y una espada ardiente para evitar que Adán y Eva regresaran al jardín del Edén.

Nunca más volverían a ver sus hermosos árboles y flores, ni se sentarían junto a los ríos.

*Dios el Señor
expulsó al ser
humano del
jardín del Edén.*

Génesis 3:23

*¿Por qué estaba
triste Dios?*

Trabajo duro

**Fuera del
huerto había
cardos y
espinos, ortigas
y malezas.**

Adán y Eva se sintieron apenados y muy tristes.

Ya no estaban en el huerto y tenían que trabajar muy duro.

Debían cultivar sus propios alimentos. Sembraban semillas, arrancaban malezas y cuidaban las plantas.

Adán y Eva trabajaban día tras día. Cavaban y sembraban, usaban azadones y rastrillos para quitar malezas, y rociaban con agua las plantas.

A veces pensaban en los buenos tiempos cuando aún vivían en el jardín del Edén.

Dos hijos

Eva tuvo dos hijos, que se llamaban Caín y Abel.

Cuando crecieron, Caín se dedicó a cultivar la tierra y Abel se hizo pastor de ovejas.

Llegó el momento en que los dos debían ofrecer a Dios un regalo especial. A Dios le agradó la ofrenda de Abel, pero no aceptó los regalos de Caín.

«Si haces lo correcto, siempre te aceptaré con agrado».

Génesis 4:7 TLA

¿Crees que Caín estaba contento con esto?

El hermano malo

Caín empezó a odiar a Abel, porque Dios aceptó el regalo de Abel pero no el suyo.

Un día, cuando estaban en el campo, Caín atacó a su hermano Abel y lo mató.

Más tarde, Dios le preguntó a Caín:

—¿Dónde está tu hermano?

—¿Cómo voy a saberlo? —respondió Caín enojado—. ¿Acaso soy yo el que debe cuidarlo?

—Has matado a tu hermano —dijo Dios—. Ahora debes irte de tu casa. Vagarás por todo el mundo. Y tus cosechas nunca crecerán bien.

Las cosas empeoran

Años después, había cientos de personas que vivían en la tierra.

Sin embargo, se convirtió en un mal lugar. Las personas se hacían daño unas a otras; robaban a los demás, mentían, mataban.

Dios seguía advirtiéndoles, pero la mayoría no le prestaban atención. Dios empezó a lamentar haber creado la tierra y los seres humanos.

—Enviaré un gran diluvio —dijo Dios—. El agua cubrirá la tierra. Se ahogará todo ser vivo: personas, animales, serpientes, pájaros e insectos.

El SEÑOR se arrepintió de haber hecho al ser humano en la tierra.

Génesis 6:6

¿Alguien sobrevivirá?

Un buen hombre

Pero Noé
contaba con
el favor del
SEÑOR.

Génesis 6:8

*¿Por qué quiso
Dios salvar a
Noé del gran
diluvio?*

Dios vio que un hombre bueno vivía sobre la tierra. Se llamaba Noé.

Dios quería salvar a Noé y a su familia del diluvio.

—Voy a enviar un gran diluvio —dijo Dios a Noé—. Cubriré la tierra con agua. Cuando el diluvio termine, le daré al mundo un nuevo comienzo.

Noé se mostró preocupado.

—¿Cómo puedo salvar a mi familia de este diluvio terrible? —le preguntó a Dios.

Un plan

—He creado un plan para salvarte a ti y a tu familia
—dijo Dios a Noé—. Debes construir tú mismo
una gran embarcación. La llamaré un «arca». Será lo
bastante grande para ti, tu esposa, tus tres hijos Sem,
Cam y Jafet, y sus esposas también.

   —Haré exactamente lo que tú me digas —dijo Noé.

   —El arca también tendrá espacio para los animales,
al menos dos de cada especie: aves, reptiles e insectos
—explicó Dios a Noé.

   Dios describió todos los detalles de cómo
se debía construir esta gran arca: cuán
grande sería, cuántas puertas tendría,
cuántas ventanas, cómo garantizar
que no le entrara agua.

*Noé era un
hombre justo
y honrado
entre su gente.
Siempre
anduvo
fielmente con
Dios.*

Génesis 6:9

**¿Qué crees
que dijeron
los amigos de
Noé cuando
lo vieron
construyendo
una gran
embarcación?**

Noé trabaja duro

Noé comenzó a construir el arca. No había tiempo qué perder. Los tres hijos de Noé le ayudaron.

Cortaron árboles, aserraron listones de madera, martillaron, pulieron y pintaron.

Trabajaron mes tras mes, porque esa embarcación tenía que ser la más grande que jamás se había construido hasta entonces. Tenía la altura de tres pisos y muchas habitaciones grandes en su interior. Pero solo tenía una puerta y una ventana.

¿Por qué crees que a Noé le urgía construir el arca?

De dos en dos

Más adelante, Dios explicó a Noé las siguientes
instrucciones.

—Ahora junta dos animales de cada especie —le dijo
a Noé.

Así que Noé y sus hijos juntaron una pareja de cada
animal que había sobre la tierra, un macho y una hembra.

Dos feroces leones, dos tigres que rugían, dos osos
polares, dos pesados elefantes, dos piojos que se
arrastraban, dos cuervos que graznaban, dos palomas
que arrullaban, e incluso dos arañas hiladoras y dos
hormigas coloradas.

Todos ellos estarían a salvo del diluvio que se avecinaba.

*De los
animales...
entraron
con Noé por
parejas, el
macho y su
hembra, tal
como Dios
se lo había
mandado.*

Génesis 7:8-9

Dios se
aseguró de que
toda especie
de animales
sobreviviera el
diluvio.

Así entraron en el arca... Luego el SEÑOR cerró la puerta del arca.

Génesis 7:15-16

¿Qué crees que pasó después?

En el arca

Por fin el arca quedó terminada.

De repente, los cielos se oscurecieron y truenos retumbaron.

—¡Ha llegado el gran diluvio! —dijo Noé a su familia—. Es hora de entrar en el arca.

Noé abrió la puerta del arca y guió a todas las criaturas. Los leones feroces, los tigres que rugían, los pesados elefantes, los piojos que se arrastraban, los cuervos que graznaban, las palomas que arrullaban, e incluso las arañas hiladoras y las hormigas coloradas.

—También es hora de que entres tú —dijo Dios a Noé—, con tu esposa, tus hijos y sus esposas.

Así que Noé y su familia entraron en la inmensa arca.

¡A flote!

Se abrieron las compuertas del cielo.

Génesis 7:11

El viento silbaba y el arca se sacudía. Destellaban relámpagos y retumbaban truenos. Grandes gotas de lluvia empezaron a caer. Caía más y más lluvia.

Poco a poco las aguas empezaron a subir y pronto cubrieron toda la tierra y todo lo que tenía vida.

Al final, el agua levantó el arca.

¡Estaban flotando!

¿Por cuánto tiempo llovió?

Todos seguros a bordo

La lluvia siguió cayendo durante más de un mes. Pero Noé y su familia estaban a salvo dentro del arca.

Poco a poco se acostumbraron al golpeteo de la lluvia sobre el techo del arca, y al sonido de los truenos.

Además, estaban ocupados. Tenían que alimentar y dar agua a los animales. Había mucho trabajo.

Al fin empezó el viento a calmarse. Poco a poco también dejó de llover.

Los pájaros empezaron a agitar sus alas. Pronto podrían volar de nuevo en el cielo.

Las aguas descendían lentamente.

Dios se acordó entonces de Noé y de todos los animales... que estaban con él en el arca.

Génesis 8:1

¿Cómo descubrió Noé que era seguro salir del arca?

*¿Cómo sabría
Noé que el
agua había
descendido?*

En tierra firme

Un día, el arca tocó tierra firme, y se oyó un fuerte ruido y un choque. Habían encallado en las laderas del monte Ararat.

Sin embargo, Noé y su familia se quedaron dentro del arca, esperando que Dios les dijera cuándo era seguro salir de ahí.

—Voy a enviar a un cuervo —dijo un día Noé a su familia.

El cuervo salió a volar, pero nunca regresó. Voló y voló hasta que hubo tierra seca donde podía aterrizar.

Una paloma y una ramita

Después, Noé envió una paloma. Pero la paloma regresó en poco tiempo, al no encontrar un lugar dónde posarse y descansar.

Así que Noé esperó casí una semana para enviarla de nuevo. La paloma regresó de nuevo al arca. Sin embargo, esta vez trajo en su pico una ramita verde recién cortada.

Todos sonrieron, porque esto significaba que las copas de los árboles ya estaban por encima del agua.

Caía la noche cuando la paloma regresó, trayendo en su pico una ramita de olivo recién cortada.

Génesis 8:11

¿Cómo crees que se sintió Noé cuando la paloma regresó con una ramita verde?

La puerta se abre

Una semana más tarde, Noé envió por tercera vez la paloma. En esta ocasión no regresó.

La tierra no tardaría en estar seca para caminar.

—Ya es hora de salir del arca —dijo Dios.

La gran puerta se abrió. Noé, su familia y todas las criaturas salieron del arca.

Los leones feroces, los tigres que rugían, los pesados elefantes, los piojos que se arrastraban, los cuervos que graznaban, las palomas que arrullaban, las arañas hiladoras y las hormigas coloradas; todos salieron del arca.

Los animales corrieron en busca de comida. Los pájaros volaron lejos cruzando el cielo.

Dios dijo: «Saca también a todos los seres vivientes que están contigo... ¡Que se multipliquen y llenen la tierra!».

Génesis 8:17

Cuando la tierra se secó, Dios mandó a Noé salir del arca.

El arcoíris

Noé y su familia también salieron del arca.

Noé construyó un altar donde podía adorar a Dios. Agradeció a Dios por haberlos salvado del diluvio.

—Aun si las personas me desobedecen, nunca más cubriré la tierra entera con un diluvio —prometió Dios—. Mientras la tierra permanezca, habrá temporada de siembra y de cosecha, verano e invierno. Cuando llueva, miren al cielo. A veces verán un hermoso arcoíris. Esto les recordará mi promesa.

Dios dijo: «Nunca más las aguas se convertirán en un diluvio para destruir a todos los mortales».

Génesis 9:15

¿Cuándo fue la última vez que viste un arcoíris?

¿Cuál es el edificio más alto que conoces?

Una gran torre

Los hijos de Noé tuvieron muchos hijos y nietos. Ellos hicieron muchas cosas que enojaron a Dios.

En esa época, todo el mundo hablaba el mismo idioma.

Algunas personas decidieron construir una gran torre que llegaría hasta el cielo.

«¡Esta gigantesca torre mostrará lo grandes que somos!», decían con orgullo.

¡Todos confundidos!

Dios se enojó cuando vio la torre que estos hombres construían. ¡Eran demasiado orgullosos! Por eso Dios decidió detenerlos.

Cuando los constructores se levantaron una mañana, todos hablaban en diferentes idiomas. ¡Nadie entendía a nadie!

Así que no pudieron trabajar más juntos. Tuvieron que dejar la torre sin terminar.
Esta torre se llamó «Babel»,
que significa «confusión».
Y así quedaron todos:
¡confundidos!

El Señor confundió el idioma de toda la gente de la tierra, y... los dispersó desde allí por todo el mundo.

Génesis 11:9

¿Tienes amigos que hablan otros idiomas?

Un nuevo comienzo

Historia 34

Hace mucho tiempo, en una tierra lejana llamada Ur, vivía un hombre llamado Abram.

Abram estaba casado con Sarai. Ambos eran ancianos, pero no tenían hijos.

Un día, Dios le dijo a Abram: «Deja tu casa y tus amigos. Emprende un largo viaje con Sarai hacia un nuevo país. Voy a darte una nueva tierra especial para ti».

Ese país era Canaán. Puesto que Dios se lo prometió a Abram, también se le llama «la tierra prometida».

El Señor le dijo a Abram: «¡Por medio de ti serán bendecidas todas las familias de la tierra!».

Génesis 12:1-3

¿Cómo te sentirías si te mudaras a otro país?

Un viaje misterioso

Abram y Sarai fueron valientes. Ellos creyeron a Dios y estuvieron dispuestos a dejar su casa.

Junto con Lot, el sobrino de Abram, salieron hacia Canaán con sus siervos, camellos, vacas, y ovejas.

Abram era rico. En ese tiempo, tener muchos animales era como tener mucho dinero.

Abram no tenía mapa en su viaje. Pero Dios explicó: «Te mostraré a dónde ir, y cómo llegar a la tierra que te he prometido».

¿Cómo supieron Abram y Sarai a dónde ir?

Allí el Señor se le apareció a Abram y le dijo: «Yo le daré esta tierra a tu descendencia».

Génesis 12:7

Una nueva tierra

El Señor le
dijo a Abram:
«¡Ve y recorre
el país a lo largo
y a lo ancho,
porque a ti te
lo daré!».

Génesis 13:17

Después de viajar muchos meses, Abram y Sarai llegaron a la tierra que Dios les había prometido.

En la tierra de Canaán había valles frondosos y verdes, y ríos caudalosos.

—¡Este es el país del cual te hablé! —dijo Dios a Abram—. Te entrego esta tierra a ti, a tus hijos y a tus nietos.

Abram dio gracias a Dios por traerlo a él y a su familia a un país tan maravilloso.

Y Abram recordó siempre la promesa de Dios:
«Un día tú tendrás muchos hijos, nietos y bisnietos».

*Abram y Sarai
ya eran viejos.
¿Era fácil para
ellos creer la
promesa de
Dios?*

Pelea por la tierra

Abram tenía grandes manadas de camellos y vacas, y muchos rebaños de ovejas y cabras.

Su sobrino Lot también tenía muchos animales.

Sus siervos empezaron a pelear por conseguir la mejor tierra para sus animales.

Entonces Abram le dijo a Lot: «Este es un país grande. Dividamos la tierra entre nosotros. ¡Escoge tú primero!».

¿Fue bondadoso Abram con Lot? ¿De qué manera?

Así que Abram le dijo a Lot: «No debe haber pleitos entre nosotros... porque somos parientes».

Génesis 13:8

Una decisión egoísta

Lot escogió la mejor tierra, cerca del río Jordán, donde había abundante agua para sus animales. Él quería vivir en la ciudad cercana de Sodoma, un lugar lleno de maldad.

Abram pudo haberse quedado con la mejor tierra, pero fue generoso y dejó que Lot escogiera primero.

Lot se fue a su tierra, y Dios le hizo más promesas maravillosas a Abram.

El Señor le dijo a Abram: «Yo te daré a ti y a tu descendencia, para siempre, toda la tierra que abarca tu mirada».

Génesis 13:15

Descubrirás que Dios hace muchas promesas a Abram en las historias que siguen.

¡Capturado!

Por ese tiempo, cuatro reyes atacaron la ciudad de Sodoma. Robaron dinero, comida, ropa y joyas.

Incluso capturaron a algunas personas de Sodoma, entre ellos Lot.

Cuando Abram oyó que Lot tenía problemas, juntó a sus siervos y persiguió al ejército de los cuatro reyes.

Abram y sus siervos alcanzaron a los reyes y los derrotaron en la batalla.

Abram rescató a su sobrino Lot.

«No temas, Abram. Yo soy tu escudo, y muy grande será tu recompensa».

Génesis 15:1

Aunque Lot había sido codicioso y había tomado la mejor tierra, Abram quería seguir ayudándole.

Abram se queja

Abram creyó al SEÑOR, y el SEÑOR lo reconoció a él como justo.

Génesis 15:6

¿Era ésta la primera vez que Dios hacía esta promesa a Abram?

Sarai ya era demasiado anciana para tener hijos, y Abram era incluso más viejo que ella.

—Hemos esperado años para empezar una familia —se quejó Abram a Dios—. ¡Ambos moriremos antes de tener un hijo!

—Sal de tu tienda —le dijo Dios esa noche—. ¡Ahora mira las estrellas!

Abram miró al cielo.

—¿Puedes contarlas? —le preguntó Dios.

Abram negó con su cabeza.

—Tendrás tantos hijos, nietos y bisnietos como estrellas hay en el cielo de la noche —prometió Dios a Abram—. Ni siquiera podrás contarlos.

Sarai se impacienta

Sarai estaba impaciente por tener un hijo.

—Toma a Agar, mi sirvienta, como tu segunda esposa —le dijo a Abram—. Así podremos tener un bebé en la familia.

Entonces Abram se casó con Agar, y Agar tuvo a un hijo varón.

Lo llamaron Ismael.

¿Por qué crees que Sarai se impacientó?

Al darse cuenta Agar de que estaba embarazada, comenzó a mirar con desprecio a su dueña.

Génesis 16:4

El Señor se le aparecio y le dijo: «Yo soy el Dios Todopoderoso».

Génesis 17:1

Nuevos nombres

Cuando Abram tenía noventa y nueve años, Dios le dio un nombre nuevo, «Abraham», que significa «padre de muchos». Dios también le dio un nombre nuevo a su esposa. A partir de ahora, Sarai se llamaría «Sara», que significa «princesa».

    —Recuerda las promesas que te he hecho —le dijo Dios a Abraham—. ¡Todas se harán realidad!

¿Qué nuevo nombre escogerías tú?

Tres visitantes

Poco tiempo después, Abraham estaba sentado frente a su tienda a la hora del almuerzo. Hacía un calor ardiente.

De repente, aparecieron tres hombres que Abraham no conocía.

—Vengan y siéntense en la sombra —los invitó Abraham—. Y luego pueden comer conmigo.

—¡Rápido! ¡Hornea pan! —dijo Abraham a su esposa.

—¡Prepara un banquete! —ordenó a su sirviente.

Cuando el almuerzo estuvo listo, Abraham lo ofreció a sus visitantes.

El Señor se le apareció a Abraham junto al encinar de Mamré.

Génesis 18:1

En tiempos bíblicos era inapropiado entrar en la parte de la tienda donde estaban las mujeres.

Sara se ríe

¿Crees que Dios cumplió su promesa a Abraham y Sara?

Después de la cena, uno de los visitantes le preguntó a Abraham:

—¿Dónde está tu esposa Sara?

—Dentro de la tienda —respondió Abraham.

Uno de los tres visitantes era Dios el Señor.

—El próximo año, Sara tendrá un bebé —le dijo a Abraham—. Un niño.

Sara estaba escuchando detrás de las cortinas de la tienda. ¡Se rió!

Ella dijo para sí: «No puedo tener un hijo a mi edad».

—¿Por qué se rió Sara? —preguntó el extraño a Abraham—. Nada es imposible para Dios.

Negocios con Dios

Cuando los tres visitantes estaban listos para irse, Abraham caminó con ellos hacia Sodoma, donde vivía Lot.

—Si la gente de Sodoma está haciendo lo malo —dijo el Señor—, voy a castigarlos.

Abraham no quería que Lot sufriera.

—Si hubiera cincuenta personas buenas en Sodoma —dijo Abraham al Señor—, ¿cambiarías de opinión?

—Sí —dijo el Señor.

—Si hubiera cuarenta personas buenas en Sodoma, ¿cambiarías de opinión?

—Sí.

—¿Y si hubiera treinta?

—Sí.

—¿O veinte?

—Sí.

—Si hubiera diez personas buenas en Sodoma, ¿cambiarías de opinión?

—Sí.

Luego Abraham se fue a casa.

«Yo lo escogí a fin de que él ordene a sus hijos y a sus familias que se mantengan en el camino del Señor haciendo lo que es correcto y justo».

Génesis 18:19 NTV

¿Alguna vez has negociado con tu padre así como Abraham negoció con Dios?

La advertencia del ángel

None

None

None

None

None

None

None

None

None

None

None

None

None

None

None

None

None

None

None

None

None

None

None

None

None

None

None

None

None

None

None

None

None

None

None

None

None

None

None

None

None

None

None

None

None

Aquella noche dos ángeles fueron a Sodoma a advertir a Lot que algo terrible iba a suceder.

—¡Salgan rápido! —dijeron—. Dios va a destruir esta ciudad. Él no ha encontrado ni siquiera diez personas buenas aquí.

Así que Lot, su esposa y sus hijas salieron.

—¡No miren hacia atrás! —advirtieron los ángeles—. Huyan a las montañas y busquen refugio.

La esposa de Lot se dio vuelta para mirar por última vez a su hogar en Sodoma. ¡En ese mismo instante quedó convertida en estatua de sal!

Pero Lot y sus hijas huyeron.

None

None

None

None

None

None

None

None

None

None

None

None

None

None

None

None

None

None

None

None

None

None

None

None

None

None

None

None

None

None

None

None

None

None

None

None

None

None

None

None

None

None

None

None

None

None

None

None

None

None

None

None

None

None

None

None

None

None

None

None

None

None

None

None

None

None

None

None

None

None

None

None

None

None

None

None

None

None

None

None

None

None

None

None

None

None

None

None

None

None

None

None

None

None

None

None

None

None

None

None

None

None

None

Un fuego terrible

Lot y sus hijas escaparon, pero llovió fuego sobre Sodoma.

Todo se quemó: los edificios, los animales y las plantas.

Desde lejos, Abraham vio el humo que subía desde ese terrible fuego.

Así supo que el Señor no había podido encontrar ni siquiera diez personas buenas en Sodoma.

Dios... se acordó de Abraham y sacó a Lot de en medio de la catástrofe.

Génesis 19:29

Aunque Sodoma fue destruida, Lot escapó.

59

Más risa

Un año después de la visita de los tres hombres a la tienda de Abraham, Sara tuvo un niño, tal como Dios había prometido.

—Dios me ha hecho muy feliz —dijo Sara.

Llamó a su bebé Isaac, que significa «risa».

¿Cumplió Dios su promesa a Abraham y Sara?

*El Señor...
cumplió con la
promesa que le
había hecho.*

Génesis 21:1

Ismael se va

Cuando Isaac era un poco mayor, Abraham le hizo una gran fiesta. También estaba allí el hijo mayor de Abraham, Ismael, que empezó a molestar a Isaac.

Sara estaba furiosa.

—¡Despide a Ismael y a su madre Agar! —gritó a Abraham.

—Déjalos ir —dijo Dios a Abraham—. Yo los cuidaré.

Entonces Abraham les dio a Agar y a Ismael comida y agua, y luego los envió al desierto.

Dios dijo: «También del hijo de la esclava haré una gran nación».

Génesis 21:13

¿Cómo sobrevivieron Agar e Ismael en el desierto?

Agua en el desierto

En su recorrido por el ardiente desierto, Agar a Ismael pronto se quedaron sin agua. Agar temía que su hijo muriera de sed.

Ismael se acostó bajo la sombra de un arbusto. Agar se sentó sola y lloró.

—Dios te ha escuchado —dijo un ángel a Agar—. Ve y cuida a tu hijo.

Cuando caminó de vuelta hacia Ismael, Agar vio un pozo. Llenó su recipiente con agua del pozo y la dio a beber a Ismael. El niño se recuperó rápidamente para continuar el viaje por el desierto.

Dios acompañó al niño, y éste fue creciendo; vivió en el desierto.

Génesis 21:20

Dios oyó a Agar cuando pidió ayuda.

Isaac busca una esposa

Isaac creció y se convirtió en un joven bueno. Ayudaba a Abraham, su anciano padre, a cuidar sus rebaños de ovejas y su ganado.

Pronto le llegó a Isaac el momento de casarse.

Abraham llamó a su siervo Eliezer.

—Regresa a la tierra de donde salí —le dijo Abraham—. Allí debes buscar una buena esposa para mi hijo Isaac.

Así que Eliezer cargó sus camellos con regalos y emprendió un largo viaje para encontrar una esposa para Isaac.

Abraham estaba ya entrado en años, y el SEÑOR lo había bendecido en todo.

Génesis 24:1

¿Cómo reconocería Eliezer a la escogida para casarse con Isaac?

63

Camellos con sed

Por fin Eliezer llegó al país que Abraham había dejado años atrás.

Eliezer oró a Dios: «Si una mujer me da agua para mis camellos, ¡que sea ella la que has elegido como esposa para Isaac!».

En ese preciso momento, una mujer se acercó al pozo para llenar su vasija de agua.

—¿Puedes darme agua para beber? —preguntó Eliezer.

—¡Por supuesto! —respondió ella—. Y con gusto sacaré agua también para los camellos.

La mujer sacó agua hasta que todos los camellos habían bebido suficiente. Eliezer sabía que ella era sin duda la mujer que Dios había elegido como esposa para Isaac.

«Bendito sea el SEÑOR, el Dios de mi amo Abraham, que no ha dejado de manifestarle su amor y fidelidad».

Génesis 24:27

¿Pensó Eliezer que la mujer era amable?

Una esposa para Isaac

—¿Cómo te llamas?
—preguntó el siervo de
Abraham a la joven.

—Rebeca —le dijo
ella—. Ven a casa conmigo
y conocerás a mi familia.

Cuando llegaron a la casa
de Rebeca, Eliezer tomó los
regalos que había traído y los
entregó a la familia de ella.

—Soy el siervo de
Abraham, vengo de Canaán
—explicó Eliezer—. He
orado pidiendo que Dios
me mostrara una esposa
para Isaac. Creo que Dios
ha elegido a Rebeca.

—Vemos que Dios te ha
traído hasta aquí —dijo
el padre de Rebeca—.
Y me alegra mucho
que mi hija
se case con
Isaac.

*«Sin duda todo
esto proviene
del SEÑOR,
y nosotros
no podemos
decir ni que sí
ni que no».*

Génesis 24:50

*¿Te parece
extraño que
Isaac aún
no hubiera
conocido a
Rebeca?*

Historia
54

Isaac amó a
Rebeca.

Génesis 24:67

Isaac y Rebeca
no se conocían,
pero ahora
pudieron
conocerse.

Llega la novia

La mañana siguiente, Rebeca empacó sus cosas y se fue
con Eliezer hacia la tierra prometida para encontrarse
con Isaac.

Viajaron durante muchos días.

Una noche, justo antes del atardecer, los camellos
se detuvieron. Un joven caminaba en los campos.
Cuando miró a lo lejos, vio los camellos.

¡Era Isaac! Y no tardó en ver a la bella joven sentada
sobre uno de los camellos.

¡Su novia había llegado!

Rebeca ora

Isaac oró al SEÑOR a favor de su esposa, porque era estéril. El SEÑOR oyó su oración, y ella quedó embarazada.

Génesis 25:21

Dios respondió la oración de Rebeca

Isaac y Rebeca pronto se casaron.

Ellos sabían que años atrás Dios había prometido a Abraham: «Un día tendrás tantos hijos, nietos y bisnietos como estrellas en el cielo».

Pero al principio Rebeca no tuvo hijos. Isaac y Rebeca oraron a Dios con fervor.

Al poco tiempo, Rebeca descubrió que esperaba mellizos.

El primer mellizo de Rebeca estaba recubierto de pelo rojo, aun desde bebé. Lo llamaron Esaú.

Jacob, el segundo mellizo, era muy diferente. Su piel era suave y lisa.

Mellizos diferentes

Isaac quería
más a Esaú...
pero Rebeca
quería más a
Jacob.

Génesis 25:28

A medida que crecían, los hermanos mellizos se parecían menos. Se veían diferentes, hacían cosas diferentes, y ni siquiera se llevaban bien.

Esaú se volvió un osado cazador, y mataba venados como alimento.

Jacob era más calmado y le gustaba quedarse en casa. Era el hijo favorito de Rebeca. Jacob siempre andaba en travesuras e intrigas.

¿Conoces algunos mellizos? ¿Qué tan parecidos son?

Jacob engaña a Esaú

Un día, Esaú llegó a casa después de su cacería. Estaba cansado y hambriento. Vio que Jacob estaba cocinando.

—¡Dame un poco de tu sopa! —le pidió Esaú—. ¡Tengo mucha hambre!

Jacob era muy astuto y tramó un plan. Le dijo:

—Si me das tus derechos especiales como hijo mayor de Isaac, ¡podrás comer toda la sopa que quieras!

—¡De acuerdo! —dijo Esaú tontamente—. ¡Es un buen negocio! Daría lo que fuera por algo de comida.

Así que Jacob le dio a Esaú una buena porción de sopa caliente. Esaú ni siquiera se dio cuenta de que su hermano lo había engañado.

Luego de comer y beber, Esaú se levantó y se fue. De esta manera menospreció sus derechos de hijo mayor.

Génesis 25:34

¿Tomó una buena decisión Esaú?

69

¡Otro engaño!

A estas alturas, Isaac era ya muy anciano y se había quedado ciego.

Isaac quería dar a Esaú su bendición especial de hijo mayor. Pero Rebeca quería que Jacob recibiera la bendición.

Mientras Esaú estaba de cacería, Rebeca ató pedazos de piel de animal a los brazos de Jacob. Después de esto, Jacob fue a ver a su padre Isaac.

—Padre, dame tu bendición especial —dijo Jacob, tratando de poner su voz más grave, como la de Esaú.

¿Por qué crees que Rebeca cubrió con pieles de animal los brazos de Jacob?

Brazos velludos

El anciano Isaac no estaba seguro de que realmente *fuera* Esaú.

—Extiende tus brazos y déjame tocarlos —dijo—. Si son velludos sabré que en verdad eres Esaú, mi hijo mayor.

Jacob extendió sus brazos, cubiertos con las pieles.

Isaac tocó las pieles. Al sentirlas velludas, pensó que debía ser Esaú.

Al final, Isaac dio a Jacob su bendición especial.

«La voz es la de Jacob, pero las manos son las de Esaú», dijo Isaac.

Génesis 27:22

¿Fue inteligente Jacob al engañar a Isaac?

Isaac dijo:
«*Mi deseo es
que el Dios
todopoderoso
te bendiga y
te dé muchos,
muchos hijos*».

Génesis 28:3 TLA

*¿El engaño de
Jacob le resultó
bien?*

Jacob huye

Al poco tiempo, Esaú regresó de la cacería. Cuando descubrió lo que Jacob había hecho, se puso furioso.

—¡Jacob me ha robado la bendición! —gritó—. ¡Voy a matarlo por esto!

—Ve y quédate con mi hermano Labán hasta que Esaú se calme —le dijo Rebeca a Jacob—. Yo te avisaré cuando puedas volver.

Así que Jacob huyó rumbo a la casa de su tío Labán.

Un sueño maravilloso

Una noche, en su huida, Jacob se quedó a dormir solo en el desierto. Usó una gran piedra como almohada.

Jacob tuvo un sueño maravilloso. Vio una escalera que llegaba al cielo, con ángeles que subían y bajaban.

«Yo soy el Dios de Abraham e Isaac —dijo una voz—. Tú tendrás muchos hijos, y esta tierra será tuya para siempre».

«Yo estoy contigo. Te protegeré por dondequiera que vayas».

Génesis 28:15

Dios hizo una promesa similar a otra persona. ¿Quién fue?

73

Jacob pensó: «En realidad, el Señor está en este lugar, y yo no me había dado cuenta».

Génesis 28:16

¿Por qué llamó Jacob a ese lugar «casa de Dios»?

Casa de Dios

Jacob se despertó, emocionado y asustado a la vez, porque Dios le había hablado en un sueño.

Llamó a ese lugar Betel, que significa «casa de Dios». Después siguió su viaje.

Al cabo de varias semanas, Jacob llegó a la casa de su tío Labán. Por el momento, estaba a salvo de su enojado hermano Esaú.

Jacob se enamora

Labán tenía dos hijas, Lea y Raquel.

Jacob no tardó en enamorarse de Raquel, la hija menor de Labán. Quería casarse con ella.

El tío Labán le dijo a Jacob: «Si trabajas para mí siete años, puedes casarte con mi hija».

Así que Jacob se quedó siete largos años. Trabajó muy duro cada día, para poder casarse con la mujer que amaba.

Así que Jacob trabajó siete años para poder casarse con Raquel, pero como estaba muy enamorado de ella le pareció poco tiempo.

Génesis 29:20

¿Hay algo por lo que estarías dispuesto a esperar siete años?

75

Historia 64

Un duro golpe para Jacob

Por fin llegó el momento de realizar la boda de Jacob. Su novia llevaba un velo que escondía su cara.

¡Entonces Jacob sufrió un duro golpe!

Cuando su novia se quitó el velo, Jacob descubrió que se había casado con Lea.

Labán había engañado a Jacob. Le había dado su hija mayor Lea, y no Raquel.

Jacob le reclamó a Labán: «¿Por qué me has engañado?».

Génesis 29:25

¿Cómo crees que se sintió Jacob cuando se dio cuenta de que había sido engañado?

La recompensa de Jacob

En efecto, Jacob estaba muy enojado.

—¿Qué me has hecho? —gritó.

—Si aceptas trabajar para mí otros siete años, te daré también a Raquel como tu esposa —dijo Labán.

Jacob amaba tanto a Raquel que aceptó el trato.

Y por fin se casó con su amada Raquel.

*Jacob amó a
Raquel más
que a Lea.*

Génesis 29:30

*¿Cómo se
sintió ahora
Jacob?*

77

Jacob vuelve a casa

Después de muchos años de vivir con la familia de Labán, Jacob decidió que era hora de volver a casa. Mientras Labán estaba ausente esquilando ovejas, Jacob tomó sus rebaños y se fue.

Cuando estaba a punto de llegar a casa, un siervo le advirtió:

—¡Tu hermano Esaú ha salido a tu encuentro!

Jacob sintió temor. Tal vez Esaú seguía enojado con él.

—¡Dios, sálvame de mi hermano! —oró.

«Cuando crucé este río Jordán, no tenía más que mi bastón; pero ahora he llegado a formar dos campamentos».

Génesis 32:10

¿Qué crees que pasó cuando los hermanos volvieron a encontrarse?

¡Amigos otra vez!

La mañana siguiente Esaú llegó al campamento de Jacob.

Jacob se arrodilló delante de él muy asustado. ¡Pero Esaú corrió hacia Jacob y lo abrazó! Estaba contento de ver otra vez a su hermano Jacob después de tantos años.

—Dime, Jacob —preguntó Esaú—, ¿quiénes son todas estas personas que viajan contigo?

—Mis esposas Lea y Raquel —respondió Jacob—, mis hijos, mis siervos, y mis rebaños y manadas. Dios me ha dado muchas cosas buenas.

Y después de esto, los hermanos que antes peleaban vivieron en paz como amigos.

«Dios ha sido muy bueno conmigo, y tengo más de lo que necesito».

Génesis 33:11

Es triste que Isaac no vivió para ver a sus hijos como amigos.

79

Jacob mandó que le confeccionaran una túnica especial de mangas largas.

Génesis 37:3

¿A veces sientes celos de tu hermano o hermana?

La túnica de José

Cuando Jacob regresó de la casa de su tío Labán, tenía ya una familia muy numerosa.

Tenía doce hijos varones, y a todos los amaba mucho. Sin embargo, amaba más que todos a su hijo menor, José.

Un día, Jacob regaló a José una hermosa túnica.

¡Se veía muy apuesto! Pero sus hermanos se pusieron muy celosos.

¡José siempre recibía los mejores regalos!

José el soñador

Sus hermanos
lo odiaron aún
más por los
sueños que él
les contaba.

Génesis 37:8

A veces José tenía sueños extraños.

—He tenido un sueño muy raro —contó a sus hermanos una mañana—. Estábamos en los campos cosechados. Todos teníamos gavillas de grano. Pero luego sus gavillas se inclinaron ante la mía.

Los hermanos de José se enojaron.

—¿Crees que todos deberíamos inclinarnos ante ti? —preguntó uno.

—¡Tú no eres nuestro rey! —dijo otro.

¿Qué crees que representaban para los hermanos las gavillas de grano?

Otro sueño

Más adelante, José tuvo otro sueño extraño.

—Soñé que el sol, la luna y once estrellas se inclinaban ante mí —dijo a su familia.

Esta vez Jacob se enojó con él.

—¿En verdad piensas que tu madre, tus hermanos y yo debemos inclinarnos ante ti como el sol, la luna y las estrellas en tu sueño? —preguntó muy enfadado.

Ahora los hermanos de José realmente lo odiaban.

Su padre estaba intrigado por el significado de los sueños.

Génesis 37:11
TLA

¿Qué hicieron después los hermanos de José?

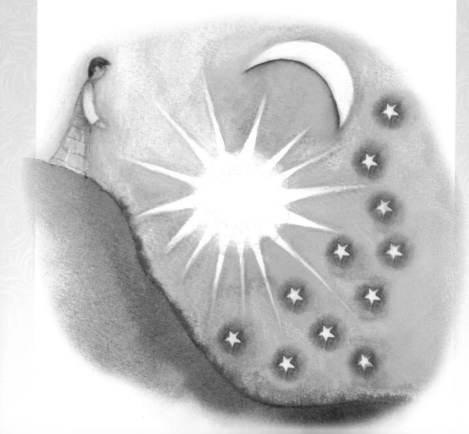

José y sus hermanos

Historia 71

Se dijeron unos a otros: «Ahí viene ese soñador».

Génesis 37:19

¿Por qué odiaban tanto a José sus hermanos?

—Tus hermanos están a un día de distancia apacentado mis ovejas —le dijo Jacob un día a José—. Anda y llévales comida.

Así que José salió con comida para sus hermanos. De lejos, los hermanos vieron que venía José.

—¡Librémonos ahora de él! —dijo un hermano.

—Sí, ¡esta es nuestra gran oportunidad! —dijo otro.

El plan de Rubén

Rubén, el hermano mayor de José, no soportaba la idea de matar a su hermano.

—Dejémoslo en el fondo de ese pozo seco —dijo—. Morirá allí de todas formas.

Los otros estuvieron de acuerdo con su plan, pero Rubén en realidad planeaba rescatar a José más tarde.

Cuando José llegó, sus hermanos lo atraparon, le quitaron su túnica, y lo arrojaron al pozo.

Rubén les propuso: «No lo matemos».

Génesis 37:21

Pobre José. ¿Qué iba a pasar ahora con él?

Vendido como esclavo

Mientras Rubén estaba lejos, sus hermanos vieron a unos comerciantes que pasaban en sus camellos.

—¡Tengo una idea! —dijo uno—. Vendamos a José a esos comerciantes.

—¡Qué buena idea! —dijo otro.

Y así los hermanos sacaron a José del pozo y lo vendieron a los mercaderes.

Los mercaderes viajaron hacia la tierra de Egipto y llevaron consigo al pobre José.

¡Qué terrible! ¡Vender a su propio hermano!

Jacob llora

Cuando Rubén regresó, José ya no estaba.

—¿Qué vamos a decirle a nuestro padre? —preguntó.

Decidieron fingir que a José lo había devorado un animal salvaje. Mataron una cabra y salpicaron su sangre en la túnica de José. Y volvieron a casa.

—Encontramos esto junto al camino —le dijeron a Jacob, mostrándole la túnica rota—. Debió atacarlo un animal salvaje.

Nadie pudo consolar a Jacob. Él creyó que su hijo más amado había muerto.

«Guardaré luto hasta que descienda al sepulcro».

Génesis 37:35

¿Volvería Jacob a ver a José?

José en Egipto

*Ahora bien, el
Señor estaba
con José y las
cosas le salían
muy bien.*

Génesis 39:2

Entre tanto, los comerciantes llegaron a Egipto con José y lo llevaron al mercado.

Un hombre rico llamado Potifar compró a José y lo llevó a trabajar a su casa.

José pensó que nunca más volvería a ver su hogar. Pero trabajó duro para Potifar y hacía todo lo que él le mandaba.

Potifar no tardó en poner a José a cargo de toda su casa.

**Dios siguió
cuidando a
José.**

¡Mentiras!

Durante un tiempo, José vivió realmente feliz. Pero no tardaron en surgir nuevos problemas.

La esposa de Potifar se enojó con José y mintió a su esposo acerca de él.

—José me atacó —dijo ella.

Potifar estaba tan enojado que mandó a José a la cárcel.

Pero aun en la cárcel el Señor estaba con él y no dejó de mostrarle su amor.

Génesis 39:20-21

Potifar fue injusto con José, pero Dios tenía un plan.

Historia 77

Sueños en la cárcel

«*¿Acaso no es Dios quien da la interpretación?*», preguntó José.

Génesis 40:8

Dios ayudó a José a entender lo que significan los sueños.

Aun en la cárcel, las personas llegaron a confiar en José.

En poco tiempo, el carcelero puso a José a cargo del lugar.

El copero y el panadero del rey estaban en la misma cárcel. Una noche, cada uno tuvo un sueño extraño. Le contaron su sueño a José, y Dios le ayudó a darles una explicación.

—Este es el significado de tu sueño —relató José al copero—. En tres días el faraón, rey de Egipto, te llamará. Volverás a su lado a servir su vino.

José ayuda

José habló también con el panadero.

—Lo siento —dijo—. Tu sueño significa que en tres días el faraón te mandará matar.

Todo sucedió tal como José había dicho.

—¡Acuérdate de mí cuando estés delante del faraón! —pidió José al copero antes de que saliera de la cárcel—. ¡No quiero pasar aquí toda mi vida!

Pero el copero no tardó en olvidarse de José.

Así se cumplió lo que José les había dicho.

Génesis 40:22
TLA

¿Pasó José su vida en la cárcel?

91

Los sueños del faraón

Una noche el faraón, rey de Egipto, tuvo sueños muy raros. Contó sus sueños a sus consejeros.

—En mi primer sueño —dijo el faraón—, estaba de pie junto al río, cuando siete vacas gordas salieron del agua. Luego aparecieron siete vacas flacas que se tragaron a las siete vacas gordas.

El faraón se levantó muy preocupado, mandó llamar a todos los magos y sabios de Egipto, y les contó los sueños.

Génesis 41:8

¿Tienes a veces sueños que te asustan?

No tan sabios

—Ahora cuéntanos el segundo sueño, gran faraón
—dijeron los sabios.

—En ese sueño vi siete espigas de trigo grandes
y hermosas. Luego siete espigas delgadas y secas
devoraron las espigas grandes y hermosas
—contó el faraón—. ¿Qué significan mis sueños?

Los sabios se quedaron pensando.

—¡No tenemos idea! —al
fin confesaron.

Entonces el faraón
los sacó a todos.

*¿Qué crees que
significaban
los sueños del
faraón?*

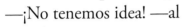

Dios estaba llevando a cabo su plan para José.

¡Traigan a José!

En ese preciso momento, el copero del rey se acordó de su amigo José.

—En la cárcel —dijo el copero al faraón—, hay un joven que explica los sueños. Una vez me explicó un sueño extraordinario que tuve.

—¡Tráiganlo ya mismo! —ordenó el faraón.

Y, en un abrir y cerrar de ojos, José estaba delante del faraón.

¿Qué significan?

—Primero te contaré mis sueños —dijo el faraón a José—. Luego deberás decirme lo que significan.

—¡Yo no puedo hacer eso! —exclamó José.

El faraón lo miró enojado.

—Pues bien, es Dios quien me revela el significado de los sueños —explicó José.

«Dios es quien le dará al faraón una respuesta favorable».

Génesis 41:16

¿Recuerdas quién tuvo un sueño especial en el desierto?

La explicación de José

Así fue que el faraón relató sus sueños y José escuchó atentamente. Cuando el faraón terminó, José oró a Dios. Luego habló.

—¡Oh, faraón! Tus dos sueños tienen exactamente el mismo significado —explicó—. Las siete vacas gordas son siete años de cosechas abundantes. Las siete vacas flacas son siete años malos sin cosechas. Las siete espigas grandes y hermosas también son siete años de abundancia y las siete espigas delgadas y secas son siete años de hambre.

¿Quién ayudó a José a entender los sueños del faraón?

Nada para comer

—Dios ha enviado estos sueños como advertencia
—explicó José al faraón—. Durante siete años todos
tendrán comida en abundancia. Pero, en los siete años
que siguen, no habrá cosecha ni nada para comer.

El faraón se veía muy preocupado.

—¿Cómo puedo evitar que mi pueblo muera de
hambre durante esos años malos? —preguntó—. Debo
cuidar a mi pueblo.

«Dios ha
resuelto
firmemente
hacer esto, y lo
llevará a cabo
muy pronto».

Génesis 41:32

*¿Qué hizo el
faraón para
ayudar a su
pueblo?*

97

Los graneros del faraón

—Oh poderoso faraón, usted necesita buscar a una persona muy sabia —indicó José—. Alguien que almacene una parte del grano durante esos siete años.

José se quedó pensando, y luego prosiguió.

—Debe construir graneros para guardar el grano hasta que lleguen los siete años malos, y luego abrirlos para vender el grano. De esa manera, el pueblo tendrá grano para hacer pan y podrá comer.

*¿A quién
escogió el
faraón
para que le
ayudara?*

José el sabio

—Tú has solucionado todos mis problemas, José
—dijo el faraón—. Tú has entendido mis sueños y
luego has explicado cómo puedo ayudar a mi pueblo.
¡Te nombraré gobernador de toda la tierra de Egipto!

Durante siete años, José trabajó duro para el faraón.
Guardó parte del grano cada año y lo almacenó.
Cuando llegaron los siete años de hambre, abrió los
graneros y vendió el grano.

Así el pueblo de Egipto tuvo suficiente alimento,
incluso durante los peores años de
hambruna.

*«¿Podremos
encontrar una
persona así, en
quien repose
el espíritu de
Dios?».*

Génesis 41:38

**Dios usó a José
para ayudar
al pueblo de
Egipto.**

La visita de los hermanos

*¿Qué crees
que sintió José
cuando volvió
a ver a sus
hermanos?*

Jacob y su familia seguían viviendo en Canaán.
Cuando llegaron los siete años malos, no podían
conseguir alimento suficiente.

—Vayan a Egipto y compren grano —mandó Jacob
a sus hijos.

Así que diez hermanos salieron rumbo a Egipto para
buscar comida. Benjamín, el más joven, se quedó en
casa con su anciano padre.

Cuando José vio a sus hermanos, los reconoció
de inmediato. Pero ellos no lo reconocieron a él. Se
inclinaron ante él hasta el piso,
tal como en sus sueños de
años atrás.

Grano en Egipto

—Todos ustedes han venido para espiar en Egipto —señaló José con seriedad a sus hermanos. Él quería probarlos.

—¡No! —dijeron ellos—. Hemos venido solamente para comprar comida. Nuestra familia en Canaán padece hambre.

José les dio grano, pero tomó como prisionero a uno de los hermanos.

—Si en verdad son hombres honrados —dijo—, deben volver y traerme a su hermano menor.

¿Crees que a Jacob le gustó que Benjamín fuera a Egipto?

«He sabido que hay alimento en Egipto. Vayan allá y compren comida para nosotros, para que no muramos».

Génesis 42:2

*Aunque José
los había
reconocido, sus
hermanos no lo
reconocieron
a él.*

Génesis 42:8

*¿Por qué se
alegró tanto
José de ver a
Benjamín?*

Juntos otra vez

Los hermanos tomaron sus bolsas de grano de regreso a Canaán. Pero en poco tiempo necesitaron más. Así que los hermanos regresaron a Egipto, y esta vez se llevaron al joven Benjamín.

—Preparen un banquete para estos hermanos —ordenó José.

José asistió al banquete. ¡Estaba muy feliz de ver a su hermano Benjamín!

José dio a sus hermanos todo el grano que querían.

La prueba de José

José decidió poner a prueba a sus hermanos. Escondió una copa de plata dentro del saco de grano de Benjamín. Luego exclamó:

—¡Mi preciosa copa de plata se ha perdido! Alguien la ha robado. Búsquenla en todos los sacos.

Al rato, los guardias encontraron la copa perdida en el saco de Benjamín.

—Benjamín no puede regresar con ustedes —dijo con firmeza José.

Judá [hermano de José] respondió: «Dios nos ha encontrado culpables».

Génesis 44:16
TLA

Eso era lo que los hermanos más temían.

103

Hombres cambiados

«*Yo soy José, el hermano de ustedes, a quien vendieron en Egipto*».

Génesis 45:4

José probó a sus hermanos. Se habían vuelto mucho más amables.

—¡Por favor, no retengas a Benjamín aquí en Egipto! —rogaron los hermanos de José, llorando—. Esto matará a nuestro padre Jacob.

Entonces Jacob vio que sus hermanos se habían vuelto más amables y que amaban profundamente a su padre. Él también empezó a llorar.

—¡Yo soy su hermano José! —les dijo al fin—. Ahora apresúrense y cuéntenle a nuestro padre las buenas noticias, y tráiganlo a Egipto.

Israelitas

¡El anciano Jacob se sorprendió al oír la historia que le contaron sus hijos!

Jacob, sus hijos y sus familias viajaron a Egipto. ¡Cuán dichoso estaba Jacob de volver a ver a José su amado hijo!

José presentó su padre al faraón, quien lo recibió amablemente. La familia de Jacob se instaló así en Egipto.

Jacob recibió un nuevo nombre, «Israel». La Biblia llama a su familia y a sus descendientes «israelitas». Un nombre más reciente para ellos es «judíos».

Dios le dijo: «No tengas miedo de ir a Egipto, porque yo voy a ir contigo».

Génesis 46:3-4
TLA

A veces los israelitas son llamados «hijos de Israel».

¿Por qué los israelitas preocupaban tanto al faraón?

Egipcios crueles

Después de la muerte de Jacob, los israelitas siguieron aumentando. Con el paso de los años, sus hijos, nietos y bisnietos se volvieron tan numerosos que nadie podía contarlos. Muchos años antes Dios había prometido a Abraham que esto iba a suceder, ¡y ahora se había cumplido!

El faraón que ahora gobernaba Egipto no sabía nada acerca de José. Sin embargo, le preocupaba la cantidad de israelitas que vivían en su tierra. Pensó que podrían volverse tan fuertes que lo atacarían.

Así que mandó a su pueblo, los egipcios, que hicieran trabajar duro a los israelitas como sus esclavos.

Un bebé en una canasta

Las familias de los israelitas siguieron creciendo.
Entonces el faraón dio una orden terrible:

—¡Tiren a todo niño israelita al río Nilo! —dijo—.
No dejaré que crezcan más hombres israelitas en mi
tierra.

Una madre israelita llamada Jocabed tenía un bebé.
Ella temía que los soldados se lo quitaran, y pensó en
un plan.

Se puso a trabajar con su hija Miriam, y juntas hicieron
una canasta de juncos. Cuando estuvo lista, dijo:

—¡Ahora pongamos dentro al bebé!

Se apresuraron al río y pusieron la canasta
a flotar sobre el agua. Miriam se escondió
entre los juncos para vigilar al bebé.

*El faraón dio
esta orden a
todo su pueblo:
«¡Tiren al río a
todos los niños
hebreos que
nazcan!».*

Éxodo 1:22

*¿Era bueno
el plan de
Jocabed para
su bebé?*

La princesa se baña

Poco tiempo después, la princesa de Egipto fue a bañarse al río. Vio la canasta y envió a su criada a recogerla. Cuando miró adentro, se sorprendió de ver a un hermoso bebé.

—Voy a criarlo como mi hijo —dijo.

En ese momento, Miriam salió de su escondite.

—¿Quiere que vaya a buscar a una mujer hebrea para cuidarlo? —preguntó Miriam.

—¡Sí, gracias! —dijo la princesa. Y Miriam corrió a casa a buscar a su madre.

Así que Jocabed cuidó a su propio bebé hasta que tuvo la edad suficiente para vivir con la princesa.

Cuando la hija del faraón vio allí dentro un niño que lloraba, le tuvo compasión.

Éxodo 2:6

Fue una gran idea de Miriam que su mamá cuidara al bebé.

Le puso por nombre Moisés, pues dijo: «¡Yo lo saqué del río!».

Éxodo 2:10

Dios le permitió a Moisés ser príncipe de Egipto. ¡Pero le esperaban más sorpresas!

Príncipe de Egipto

Llegó el día en que Jocabed llevó a su niño a vivir en el palacio.

La princesa lo llamó «Moisés».

Después de esto, Moisés fue criado como un príncipe de Egipto. Pero Moisés nunca olvidó que era el hijo de una esclava israelita. Le dolía que su pueblo trabajara tan duro haciendo ladrillos bajo el sol ardiente.

Un día —pensó Moisés—, debo rescatar a mi pueblo.

Moisés huye de Egipto

Un día, cuando ya era adulto, Moisés salió a caminar cerca de donde los israelitas fabricaban ladrillos para el faraón. Él vio cómo un egipcio golpeaba con crueldad a un trabajador israelita. Moisés se enojó tanto que mató al egipcio.

Moisés sintió miedo. ¡Tenía que escapar antes de que los soldados egipcios lo atraparan!

¿Qué pasaría con Moisés ahora?

Moisés huyó del faraón y se fue a la tierra de Madián.

Éxodo 2:15

Moisés el pastor

Los israelitas clamaban pidiendo ayuda. Sus gritos desesperados llegaron a los oídos de Dios.

Éxodo 2:23

Moisés huyó de Egipto y se fue a la tierra de Madián.

En una ocasión ayudó a unas mujeres madianitas a sacar agua de un pozo para las ovejas de su padre. El padre estaba agradecido con Moisés y le permitió trabajar para él como pastor.

Tal vez Moisés se preguntaba si algún día volvería a Egipto.

Moisés acostumbraba llevar a las ovejas al desierto solitario. Llevaba a sus ovejas a tomar agua, las protegía de los animales salvajes y vigilaba al rebaño en la noche.

Era muy diferente a la vida que había tenido como príncipe de Egipto.

La zarza ardiente

Un día, mientras Moisés guiaba a sus ovejas en medio del desierto ardiente, se acercó a un monte llamado Sinaí.

Observó que en la cercanía había una zarza que ardía. ¡Pero había algo extraño! La zarza estaba envuelta en llamas, pero no se consumía.

—¡Increíble! —pensó Moisés—. ¿Por qué no se consume?

De repente escuchó una voz que lo llamaba:

—¡Moisés! ¡Moisés!

—¡Aquí estoy! —respondió Moisés.

«*¡Qué increíble! Voy a ver por qué no se consume la zarza*».

Éxodo 3:3

¿Por qué crees que la zarza ardía de esa manera?

113

Dios habla con Moisés

¿Por qué crees que Moisés no quería hacer lo que Dios le pidió?

—¡No te acerques más! —ordenó la solemne voz—. Quítate las sandalias, porque estás pisando tierra santa… Yo soy Dios, ¡el que te habla!

Moisés se puso a temblar. Escuchó con atención.

—He visto la crueldad con que los egipcios tratan a mi pueblo, los israelitas —dijo Dios a Moisés—. Voy a ayudarles. Debes presentarte ante el faraón y decirle que deje libre a mi pueblo. Luego guiarás a mi pueblo en su salida de Egipto.

—¿Qué? ¿Yo? —dijo Moisés, lleno de temor—. ¡Yo no puedo hacer eso! ¡No!

—Yo te ayudaré —prometió Dios.

La vara de Moisés

Moisés seguía temeroso. Así que Dios le mostró cuán poderoso era.

—Arroja al suelo tu vara de pastor —dijo Dios.

Moisés lo hizo, y la vara se convirtió en una serpiente. Moisés saltó hacia atrás.

—¡Agarra la serpiente de la cola! —dijo Dios.

Con cuidado, Moisés la agarró. De inmediato, se convirtió de nuevo en una vara.

—Yo te ayudaré a hacer ese milagro —dijo Dios a Moisés—, y las personas creerán que yo te he enviado.

«Yo soy el que soy», respondió Dios a Moisés.

Éxodo 3:14

¿Por qué le mostró Dios este milagro a Moisés?

Un ayudante para Moisés

Dios buscó un ayudante para Moisés: su hermano.

Pero Moisés *seguía* temeroso.

—No soy bueno para hablar en público —dijo—. Nunca sé qué decir… se me traba la lengua.

—Moisés, yo te enseñaré lo que debes decir —prometió Dios.

—Señor, envía a otro, ¡no a mí! —rogó Moisés.

¡Dios empezaba a enojarse con él!

—Tu hermano Aarón sabe hablar bien —dijo Dios—. Dile lo que tiene que decir y él podrá hablar en lugar de ti.

Por fin Moisés aceptó el trabajo que Dios le encargó.

En el palacio del faraón

Así que Moisés dejó sus ovejas y regresó a Egipto. Con su hermano Aarón, marchó valientemente hasta el palacio del faraón.

Juntos se presentaron ante el rey de Egipto.

Dios le comunicó a Moisés las palabras que debía decir, y Moisés se las comunicó a Aarón.

—¡Oh poderoso faraón! —dijo Aarón—. No está bien que obligues al pueblo a trabajar como esclavos. El Dios de Israel ordena: «¡Deja que mi pueblo vaya al desierto para que pueda adorarme!».

—¡Yo no conozco a ese Dios! —gritó el faraón—. Él no puede decirme lo que debo hacer. ¡Nunca dejaré libres a mis trabajadores israelitas!

Así dice el SEÑOR, Dios de Israel: «Deja ir a mi pueblo».

Éxodo 5:1

¿Se daría por vencido ahora Moisés de tratar de liberar a su pueblo?

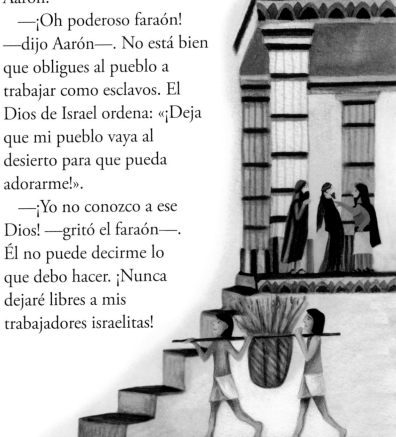

Tal vez Moisés había cometido un error con el faraón.

No más paja

El faraón estaba furioso porque Moisés y Aarón se atrevieron a venir a su palacio y decirle qué hacer. Así que llamó a sus capitanes y les dijo:

—Obliguen a los israelitas a trabajar más duro. Ya no les den paja para fabricar los ladrillos. Deben hacer la misma cantidad de ladrillos y además conseguir ellos mismos la paja. ¡Estarán tan ocupados que no tendrán tiempo de pensar en viajes al desierto!

Así que los capitanes egipcios trataron con más crueldad a los israelitas.

Moisés se queja

*«Yo los llevaré
a la tierra que
bajo juramento
prometí dar a
Abraham».*

Éxodo 6:8

¡Qué vida tan
infeliz para
los israelitas,
el pueblo de
Moisés!

Los esclavos israelitas trabajaban arduamente bajo el ardiente sol. Si paraban, los crueles egipcios los azotaban.

Los israelitas culpaban a Moisés de sus problemas.

—Todo ha empeorado desde que pediste al faraón que nos dejara libres —se quejaban.

Así que Moisés se quejó ante Dios:

—Pensé que ibas a rescatar a mi pueblo. Pero están sufriendo aún más que antes de que me enviaras a hablar con el faraón.

—¡Regresa al faraón! —dijo Dios a Moisés—. Si no deja ir a mi pueblo, Egipto sufrirá terriblemente.

Una serpiente que devora

Moisés y Aarón volvieron al palacio del faraón.

—Arroja tu vara —ordenó Dios a Aarón.

Aarón lo hizo, y de inmediato su vara se convirtió en una serpiente que se movía.

Los magos del faraón lo imitaron y lanzaron sus varas. ¡También se convirtieron en serpientes!

Pero después la serpiente de Aarón devoró a todas las demás serpientes.

Aun así, el faraón no dejó ir a los esclavos israelitas.

¿Qué demostró Dios al faraón cuando la serpiente de Aarón devoró a las otras?

Tiempos difíciles

Dios trajo a Egipto tiempos muy difíciles.

Moisés y Aarón entraron de nuevo al palacio del faraón.

—El Dios de Israel dice: «Deja ir a mi pueblo» —dijo Aarón.

—¿Crees que voy a hacer lo que tu Dios ordena? —respondió el faraón—. ¡Olvídalo! Necesito israelitas que fabriquen mis ladrillos y construyan mis palacios. Ahora ¡salgan de aquí y dejen de molestarme!

—Si no obedeces a Dios —advirtió Moisés—, Él convertirá el agua del río Nilo en sangre.

—¡No dejaré ir a tu pueblo! —repitió el faraón.

El faraón endureció su corazón y no les hizo caso.

Éxodo 7:13

¿Crees que el faraón cambió de opinión después de esto?

Hay personas, como el faraón, que simplemente no quieren escuchar a Dios.

Río de sangre

De modo que Dios convirtió el agua del río Nilo en sangre. Nadie podía beber el agua. Todos los peces murieron.

—Pide a tu Dios que la sangre se convierta en agua —rogó el faraón—. Cuando lo haga, dejaré ir a tu pueblo.

Entonces Moisés oró:

—Señor, por favor, convierte la sangre del río en agua como era antes.

Y Dios hizo lo que pidió Moisés.

Aun así, el faraón no dejó ir a los israelitas.

Ranas, ranas, ranas

Moisés y Aarón regresaron al palacio del faraón.

—¡Deja ir a mi pueblo! —dijo Aarón—.
Si no lo haces, Dios enviará una plaga de
ranas sobre toda tu tierra.

—¡No dejaré ir a tu pueblo!
—dijo el faraón.

Así que Dios envió ranas a su
palacio, y por toda su tierra.

—Habla con tu Dios para
que se lleve las ranas —dijo el
faraón—. Entonces dejaré ir a tu
pueblo.

Moisés oró:

—Señor Dios, por favor, llévate todas
estas ranas.

Las ranas se fueron. Pero
aun así el faraón no dejó ir
a los israelitas.

*«Sabrás
que no hay
dios como el
SEÑOR, nuestro
Dios».*

Éxodo 8:10

*¿Cuánto
empeorarían
las cosas
antes de que
el faraón
cambiara de
actitud?*

123

En todo esto
anda la mano
de Dios.

Éxodo 8:19

*¿Cuál de estas
«plagas» te
parece la más
desagradable?*

¡Mosquitos!

Moisés y Aarón regresaron de nuevo al palacio.

—Deja ir a mi pueblo —dijo Moisés—. Si no, Dios enviará enjambres de mosquitos por todo Egipto.

Así que Dios envió mosquitos por todo el territorio. El faraón se apresuró a llamar a Moisés.

—Pide a tu Dios que se lleve los mosquitos —pidió—. Entonces dejaré ir a tu pueblo.

Así que Moisés oró:

—Señor, ¡llévate todos estos mosquitos!

Y los mosquitos desaparecieron.

Pero aun así el faraón no dejó ir a los israelitas.

¡Moscas!

Moisés y Aarón fueron de nuevo al palacio.

—Deja ir a mi pueblo —dijo Moisés—. Si te niegas,
Dios enviará moscas por toda la tierra.

—No dejaré ir a tu pueblo —dijo el faraón.

Así que Dios envió enjambres de moscas por todo
Egipto.

El faraón mandó llamar a Moisés.

—Pide a tu Dios que se lleve todas
estas moscas —dijo—. Entonces
dejaré ir a tu pueblo, pero solo a
poca distancia de aquí.

Moisés oró:

—¡Señor, por favor, aleja
todas estas moscas!

Y las moscas desaparecieron.
Pero aun así el faraón no
dejó ir a los israelitas.

*Moisés salió
y le rogó al
Señor por el
faraón.*

Éxodo 8:30

***¿Qué faltaba
para convencer
al faraón?***

125

Animales enfermos

El faraón no quiso dejar ir al pueblo.

Éxodo 9:7

Moisés y Aarón regresaron de nuevo al palacio.

—¡Deja ir a mi pueblo! —dijo Moisés—. De lo contrario, Dios hará que se enferme todo animal que vive en tu tierra.

—No dejaré ir a tu pueblo —dijo el faraón.

Así que Dios hizo enfermar a todos los animales. Desesperado, el faraón llamó a Moisés.

—Pide a tu Dios que sane a los animales —dijo—. Entonces, sí dejaré ir a tu pueblo.

Moisés pidió a Dios que sanara a los animales. Pero aun así el faraón no dejó ir a los israelitas.

¿Por qué crees que el faraón seguía cambiando de opinión?

Llagas y langostas

Luego aparecieron llagas dolorosas y abscesos en la piel de los egipcios.

Le siguió un granizo gigantesco que acabó con los campos.

También aparecieron langostas incontables como nubes. Se comieron todas las plantas y todos los árboles y todas las cosechas de grano.

Después, una espesa oscuridad cubrió la tierra de Egipto. ¡No se podía ver nada!

Pero aun así el faraón no dejó ir a los israelitas.

El Señor endureció el corazón del faraón.

Éxodo 9:12

¿Qué podría convencer al faraón de dejar salir a los israelitas de Egipto?

127

Lo peor de todo

*«En todo
Egipto habrá
grandes
lamentos».*

Éxodo 11:6

Dios le dijo a Moisés: «Voy a enviar un último y temible castigo. Después de eso, el faraón te rogará que se vayan».

Así que Moisés se presentó de nuevo ante el faraón.

—Durante la noche, el hijo mayor de cada familia egipcia va a morir —dijo Moisés al faraón—. Después de eso, tú me suplicarás que los israelitas salgan de tu país. Entonces yo tomaré a mi pueblo y me iré.

Moisés se dio vuelta y salió rápidamente del palacio.

**Ahora Moisés
tenía que
preparar a su
pueblo para
salir rápido de
Egipto.**

La sangre del cordero

Dios dio instrucciones especiales a Moisés para esa noche.

—Manda a los israelitas que sacrifiquen un cordero y marquen sus puertas con la sangre del cordero —dijo—. Yo pasaré por la tierra y mataré a los hijos de los egipcios. Donde yo vea la sangre en la puerta, pasaré de largo y no mataré a sus hijos.

Esa noche los israelitas marcaron sus puertas con la sangre del cordero y comieron una cena especial de cordero, tal como Dios había ordenado a Moisés. Comieron con su ropa puesta y con sus bastones.

De ahí en adelante, los israelitas recordarían cada año los sucesos de esta noche en la fiesta llamada «la Pascua». Así recordaban que Dios los había salvado.

«Este es un día que por ley deberán conmemorar siempre».

Éxodo 12:14

¿Conoces a una familia judía que celebra la Pascua?

«¡Largo de
aquí! ¡Aléjense
de mi pueblo
ustedes y los
israelitas!».

Éxodo 12:31

¡Váyanse!

Aquella noche terrible el hijo mayor de cada familia egipcia murió. Incluso el hijo del faraón murió.

Antes de que amaneciera, el faraón pidió a Moisés que viniera a su palacio.

—¡Saca a tu pueblo de Egipto! —dijo a Moisés—. ¡Apresúrense! O todos enfermaremos y moriremos.

¿Fue esto lo último que Moisés y los israelitas oyeron del faraón?

Salida nocturna

Todavía era de noche. Cada familia israelita se apresuró a empacar todo lo que tenía. Se llevaron consigo sus manadas y sus rebaños. También pidieron a los egipcios ropa y objetos de plata y de oro, y los egipcios les dieron todo lo pidieron.

El pueblo de Israel empezó su largo viaje a Canaán, la tierra prometida.

Ese mismo día el SEÑOR sacó de Egipto a los israelitas.

Éxodo 12:51

Dios amaba a su pueblo y los cuidó en su viaje.

131

Sobre la marcha

Los israelitas caminaron de día y de noche para escapar del faraón. Sin embargo, al día siguiente, el faraón y sus funcionarios se despertaron y preguntaron:

—Ahora ¿quién va a trabajar para nosotros? ¿Quién va a fabricar nuestros ladrillos y construir nuestros palacios?

Así que el faraón ordenó a sus soldados:

—¡Enganchen los caballos a sus carros! Persigan a esos israelitas y tráiganlos de regreso a Egipto.

¡Los israelitas enfrentaron la seria amenaza del faraón y su ejército!

¡Sin salida!

Los israelitas llegaron rápidamente a la orilla del mar Rojo. Allí se detuvieron. ¿Cómo podían cruzar las aguas profundas del mar Rojo?

De repente, los israelitas vieron nubes de polvo y oyeron el golpeteo de cascos de caballos. ¡Era el faraón con su ejército! Los egipcios venían a toda prisa en sus carros para capturar a los israelitas y llevarlos de regreso a Egipto.

—¿Qué podemos hacer? —preguntaron los israelitas—. El mar Rojo está delante de nosotros, y el faraón y su ejército detrás de nosotros. Todos moriremos aquí, ¡eso es seguro!

«No tengan miedo. Hoy mismo serán testigos de la salvación que el Señor realizará a favor de ustedes».

Éxodo 14:13

¿Cómo crees que se sentían ahora los israelitas?

El Señor abrió un camino a través de las aguas.

Éxodo 14:21 NTV

Un camino en medio del mar

Entonces Dios dio a Moisés instrucciones especiales.

—¡Extiende tu mano! —le dijo a Moisés.

Moisés extendió su mano. De inmediato un viento fuerte sopló y abrió un camino en medio del mar Rojo, y las aguas se dividieron.

Los israelitas empezaron a caminar en tierra seca sobre el fondo del mar. En poco tiempo lograron llegar a salvo a la otra orilla.

¿Cómo crees que era la sensación de caminar sobre tierra seca en medio del mar?

134

Libres por fin

Los soldados del faraón todavía perseguían a los israelitas y no tardaron en llegar a orillas del mar Rojo. Los egipcios avanzaron a toda prisa, entre los grandes muros de agua. Pero sus ruedas se atascaron en el barro y empezaron a caer de sus carros.

Tan pronto como el último israelita cruzó a salvo, Moisés levantó de nuevo su mano. El viento se detuvo y el agua volvió a cubrir el fondo del mar.

El faraón, sus carros y sus soldados se ahogaron.

Por fin los israelitas eran libres.

Los israelitas agradecieron a Dios por haberlos rescatado del faraón y de los egipcios.

Agua para beber

Sin embargo, los israelitas todavía tenían un largo recorrido por delante. Caminaron con mucha dificultad en el desierto ardiente y todos empezaron a tener sed.

Durante tres días los israelitas buscaron agua. Al fin encontraron un pozo y sacaron agua.

—¡Qué asco!

Sabía tan amarga que no podían beberla.

—¿Quieres que muramos de sed aquí? —preguntaron a Moisés enojados—. Mejor nos hubiéramos quedado en Egipto. ¡Al menos allá teníamos agua para beber!

Entonces Dios le mostró a Moisés un pedazo de madera que había en el suelo. Moisés lo lanzó al pozo. Los israelitas sacaron más agua del pozo. ¡Ahora sabía dulce!

«Yo soy el
Señor, quien
los sana».

Éxodo 15:26 NTV

Dios cuidó a
los israelitas
de muchas
maneras.

Entonces el
Señor le dijo
a Moisés: «Voy
a hacer que les
llueva pan del
cielo».

Éxodo 16:4

**¿Qué vieron
los israelitas
cuando se
despertaron?**

Comida del cielo

Al poco tiempo, a los israelitas se les acabó el pan.
Todos empezaron a sentirse débiles por el hambre.

—¿Por qué nos trajiste a este desierto? —preguntaron
enojados—. ¡Nos moriremos de hambre aquí! ¡Bien
podríamos habernos quedado en Egipto! ¡Al menos allí
teníamos suficiente comida!

—No morirán —les dijo Moisés—. Dios cuidará de
ustedes. Solo esperen hasta la mañana, ¡y encontrarán
algo maravilloso!

Pan para cada día

En efecto, cuando los israelitas se despertaron, descubrieron que el suelo estaba cubierto de unos copos muy finos. Un hombre puso unos cuantos en su mano y los probó. Tenían un sabor dulce, ¡y eran deliciosos! De inmediato empezaron a comer todos esta nueva comida.

Los israelitas lo llamaron «maná». Aparecía cada mañana, excepto el último día de la semana. Lo tuvieron durante todo el tiempo que viajaron a Canaán.

«Así sabrán que soy el Señor su Dios».

Éxodo 16:12

Muchas veces oramos: «Danos hoy nuestro pan de cada día».

Agua de una roca

«*¿Por qué provocan al SEÑOR?*».

Éxodo 17:2

Jesús dijo: «El que beba del agua que yo le daré, no volverá a tener sed jamás».

Juan 4:14

Pronto el pueblo volvió a quedarse sin agua.

—Es tu culpa —se quejaron ante Moisés—. Tú nos sacaste de Egipto y nos trajiste a este desierto ardiente. Ahora todos vamos a morir de sed.

—Ve a la roca que yo te mostraré —dijo Dios a Moisés—. Luego extiende tu vara y golpea la roca. De inmediato saldrá agua de ella.

Moisés hizo lo que Dios le dijo, y salió agua de la roca.

Hubo para todos en abundancia.

¡Guerra!

En poco tiempo los israelitas llegaron al lugar llamado Refidim. Allí los atacó un ejército enemigo.

Moisés escogió a un soldado valiente llamado Josué para dirigir el ejército israelita.

—Me quedaré en la cima de una montaña para mirar —dijo Moisés—. Levantaré mi vara, y mientras la tenga en alto, Dios nos ayudará a ganar.

¿Quién ganaría la batalla?

«Los he traído hacia mí como sobre alas de águila».

Éxodo 19:4

«El Señor
es mi
estandarte».

Éxodo 17:15

¡Victoria!

Mientras Moisés sostenía su vara en alto, el pueblo de Israel ganaba. Pero al cabo de un rato, sus brazos se cansaron y tuvo que bajar la vara. Entonces el enemigo empezó a ganar la batalla.

Dos amigos encontraron una piedra grande para que Moisés se sentara, pues ya era anciano. Permanecieron uno a cada lado de él y sostuvieron los brazos de Moisés, de modo que su vara señalaba siempre hacia el campo de batalla.

Por fin la batalla terminó, ¡y los israelitas ganaron!

Moisés
dijo que los
israelitas
ganaron
porque
dependieron
de Dios.

El monte Sinaí

Los israelitas caminaron fatigosamente a través del ardiente desierto, semana tras semana.

Por fin llegaron al desierto del Sinaí. Por encima del desierto árido sobresalía el monte Sinaí.

La montaña era tan alta que a menudo su cima quedaba cubierta de nubes.

En ese mismo lugar, muchos años atrás, Moisés había visto la zarza ardiente.

¿Puedes decir lo que hizo Moisés después?

Allí en el desierto acamparon, frente al monte.

Éxodo 19:2

143

«Yo soy el
SEÑOR *tu Dios.*
Yo te saqué de
Egipto».

Éxodo 20:2

¿Cuáles son las
reglas que hay
en tu escuela?
¿Para qué
sirven?

Moisés en el monte

Moisés decidió subir el monte para encontrarse con Dios.

Cuando llegó a la cima, Dios pronunció una promesa para él y para el pueblo de Israel.

—Yo seré su Dios —dijo—. Y ustedes serán mi pueblo. Deben vivir de una manera que me agrade. Voy a darles mis reglas para vivir. Debes escribirlas en unas piedras grandes y planas.

Reglas para vivir

Entonces Moisés escribió las reglas de Dios en dos tablas de piedra.

A estas reglas las llamamos los «Diez Mandamientos»:

1. No adoren a otro Dios aparte de mí.
2. No adoren ídolos.
3. No hagan mal uso de mi nombre.
4. Tienen seis días en los que pueden trabajar; el séptimo es un día de descanso.

«No tengas otros dioses además de mí».

Éxodo 20:3

¿Recuerdas el primer día de descanso? Mira de nuevo la página 19.

Agradar a Dios

Los otros mandamientos tienen que ver sobre la manera como nos comportamos hacia los demás:

5. Respeta a tu padre y a tu madre.
6. No mates.
7. Sé fiel a tu esposo o esposa.
8. No robes.
9. No digas mentiras acerca de otros.
10. No desees tener nada que pertenezca a otra persona.

¿Por qué crees que Dios nos dio estas reglas?

Un becerro de oro

Moisés estuvo tanto tiempo lejos en el monte Sinaí que muchos israelitas pensaron que no regresaría.

—Algo debió ocurrirle a Moisés —dijeron a Aarón—. Haznos un dios que se ocupe de nosotros.

Entonces Aarón les dijo que recolectaran anillos, brazaletes y aretes de oro. Luego los fundió y formó un becerro de oro.

Aarón instaló el becerro en medio del campamento israelita. Las personas empezaron a inclinarse ante el becerro y a danzar alrededor de él. Se olvidaron del Dios que los había sacado de Egipto y adoraron al becerro que Aarón había hecho con los anillos y brazaletes de oro.

«Israel, ¡aquí tienes a tu Dios que te sacó de Egipto!».

Éxodo 32:4

¿Qué diría Moisés cuando regresara?

Moisés se enoja

Finalmente Moisés bajó del monte Sinaí.

Mientras bajaba de la empinada montaña oyó gritos y cantos. No tenía idea de lo que significaban esos ruidos.

Cuando se encontraba más cerca, Moisés vio el becerro de oro. Se enojó tanto que arrojó al piso las tablas de piedra que tenían escritas las reglas de Dios. Quedaron despedazadas. Luego Moisés irrumpió en el campamento israelita y destruyó el becerro de oro.

**¿Por qué
estaba
Moisés tan
enojado?**

Una cara resplandeciente

Los israelitas entendieron cuánto habían enojado a Dios. Le dijeron que sentían mucho haber hecho el becerro de oro.

Moisés tuvo que escalar otra vez el monte Sinaí para conseguir un nuevo par de tablas con las reglas de Dios escritas allí.

Ahora Dios explicó también a Moisés cómo los israelitas debían adorar, y cómo debían celebrarse las fiestas especiales.

Esta vez, cuando Moisés bajó del monte, su cara brillaba porque había estado con Dios.

«Yo mismo iré contigo y te daré descanso», respondió el SEÑOR.

Éxodo 33:14

Los israelitas se asustaron cuando vieron el rostro brillante de Moisés. ¿Por qué?

149

Una tienda muy grande

Dios también dijo a Moisés: «Construye una tienda enorme donde el pueblo pueda orar». En la Biblia se le llama con frecuencia «el tabernáculo».

Dios describió a Moisés dónde debían ir los muebles dentro del tabernáculo: «Lo más importante es "el arca del pacto", una hermosa caja de madera completamente cubierta de oro. También habrá un candelabro de oro con siete lámparas, y altares donde los sacerdotes harán ofrendas».

«Todos los artesanos hábiles que haya entre ustedes deben venir y hacer todo lo que el Señor ha ordenado que se haga».

Éxodo 35:10

Los israelitas vivían en tiendas, así que fabricaron una gran tienda para Dios.

El tabernáculo

—Es hora de empezar a construir el tabernáculo —dijo Moisés a su pueblo—. Todos pueden ayudar trayendo materiales para construirlo.

Los israelitas le dieron a Moisés sus aretes, brazaletes y joyas, lo mejor que tenían. Todos querían que la casa de adoración a Dios fuera lo más hermosa posible.

En poco tiempo la tienda quedó terminada. Había una habitación especial detrás de una cortina, que se llamaba «el lugar santísimo». Allí se guardaba el arca del pacto. Solo el sumo sacerdote podía entrar en esa habitación, y solo una vez al año.

Dentro del arca, Moisés puso las tablas de piedra donde estaban escritos los Diez Mandamientos.

Cuando los israelitas viajaban, empacaban el tabernáculo y lo llevaban dondequiera que iban.

Por fin el tabernáculo quedó terminado.

Éxodo 39:32 NTV

¿Por qué crees que Moisés puso los Diez Mandamientos dentro de la tienda del tabernáculo?

Aarón el sumo sacerdote

**Santo para el
Señor.**

Éxodo 39:30

Dios puso al hermano de Moisés, Aarón, y a su familia a cargo del tabernáculo. Aarón era el sumo sacerdote, y todos sus cuatro hijos le ayudaban. Era el deber del sumo sacerdote sacrificar los animales que los israelitas ofrecían a Dios en agradecimiento.

Los sacerdotes usaban vestidos especiales. Aarón tenía una túnica bordada cubierta de un manto azul. A lo largo del dobladillo había pequeñas campanas. Sobre el manto, Aarón vestía un chaleco con doce piedras preciosas cosidas en la parte delantera. Cada piedra preciosa representaba una de las doce tribus de Israel.

¿Sabías que la mayoría de las tribus de Israel tienen los nombres de los hijos de Jacob?

Días santos

Dios le dijo a Moisés: «Los israelitas celebrarán fiestas especiales cada año». Estas eran las tres fiestas más importantes:

La **Pascua** era la fiesta en la que los israelitas recordaban cómo Dios había pasado sus casas de largo en Egipto y cómo los había ayudado a escapar del faraón.

Después de recoger todas las cosechas, los israelitas daban gracias a Dios en su **fiesta de las cosechas**.

Y en la **fiesta de los tabernáculos**, los israelitas recordaban cómo habían vivido en tiendas en su viaje hacia la tierra prometida. Durante una semana vivían en cabañas que fabricaban con ramas.

El Señor le ordenó a Moisés que les dijera a los israelitas: «Estas son las fiestas que yo he establecido».

Levítico 23:1-2

En cada una de estas fiestas, las personas traían al tabernáculo regalos de frutas o animales.

Asimismo, cada semana los israelitas celebraban el séptimo día, el día de reposo, y descansaban y oraban a Dios. Recordaban cómo Dios había descansado después de crear el mundo.

¿Cuál es el día de descanso cristiano?

Adelante

Los israelitas pasaron algún tiempo en el monte Sinaí.

—Ahora diríjanse a la tierra que les he prometido —les dijo Dios—. Recuerden que yo siempre estaré con ustedes.

Así que el pueblo empacó sus tiendas, se fue del monte Sinaí y avanzaron. El viaje era largo y peligroso, y vivieron muchas aventuras.

Con frecuencia se quejaban y protestaban. A veces desobedecían a Dios.

Pero Dios nunca los abandonó.

Eran el pueblo de Dios, y Él nunca dejó de amarlos.

Exploración de la tierra

Un día, Dios le dijo a Moisés: «Envía doce hombres a Canaán para ver cómo es. Diles que recojan algún fruto que encuentren en la tierra prometida».

Así que Moisés envió doce espías para explorar Canaán. Al cabo de unas semanas regresaron, trayendo suculentas uvas, granadas e higos.

—Es una tierra hermosa —dijeron diez de ellos—. ¡Pero los habitantes de Canaán son gigantes violentos! Nunca lograremos sacarlos de ahí.

Sin embargo, dos espías, Caleb y Josué, dijeron:

—Es un país maravilloso. ¡Debemos avanzar y conquistarlo!

«Si el SEÑOR se agrada de nosotros, nos hará entrar en ella. ¡Nos va a dar una tierra donde abundan leche y miel!».

Números 14:8

¿Por qué envió Moisés espías a la tierra prometida?

Más quejas

Los israelitas oyeron que los diez espías le dijeron a Moisés: «¡Los habitantes de Canaán son gigantes violentos!», y empezaron a quejarse otra vez.

—¡Si tan solo nos hubiéramos quedado en Egipto! —refunfuñaban—. Elijamos a un nuevo líder que nos lleve de regreso allá.

Dios se enojó. Los israelitas no confiaban en Él. Así que los hizo vagar por el desierto durante cuarenta años más, en lugar de ir directo a Canaán.

¿Llegó Moisés a la tierra prometida? Veamos.

En el monte Nebo

Después de cuarenta largos años, Moisés condujo
finalmente a los israelitas a otro monte, el monte Nebo.

Desde la cima de la montaña, ellos podían divisar a
Canaán, la tierra que Dios les había prometido.

Pero Moisés murió en el monte Nebo, antes de poder
entrar en la tierra prometida. Tenía 120 años. Él había
guiado a su pueblo desde Egipto hasta la frontera de
Canaán.

*«El Señor
mismo
marchará al
frente de ti y
estará contigo;
nunca te
dejará ni te
abandonará».*

*Deuteronomio
31:8*

¡Pobre Moisés!
No pudo entrar
en la tierra
prometida.

157

El líder Josué

Ahora Dios nombró a Josué como líder de los israelitas.

—Prepara al pueblo para cruzar el río Jordán —dijo Dios a Josué—. ¡No tengas miedo! Yo estaré contigo y te cuidaré.

Así que Josué dijo al pueblo que se preparara para cruzar el río y entrar en la tierra prometida.

¿Cómo iban a cruzar el río los israelitas?

Llamó entonces
Moisés a Josué
y le dijo:
«Sé fuerte
y valiente,
porque tú
entrarás con
este pueblo al
territorio».

*Deuteronomio
31:7*

Rahab esconde a los espías

Josué envió primero dos espías a explorar la ciudad de Jericó, al otro lado del río. En Jericó, los espías se hospedaron en la casa de una mujer llamada Rahab.

El rey de Jericó se enteró de que había espías en su ciudad y envió soldados a buscarlos. Rahab escondió a los dos hombres en la azotea de su casa. Cuando los soldados llegaron, ella dijo:

—¡Los espías israelitas acaban de irse! Apresúrense, ¡tal vez puedan alcanzarlos antes de que salgan de la ciudad!

Rahab les dijo: «Yo sé que el Señor les ha dado esta tierra».

Josué 2:9

Dios ayudó a los espías israelitas a través de una mujer de Jericó.

Una cuerda roja

«El Señor
ha entregado
todo el país
en nuestras
manos».

Josué 2:24

*¿Crees que Dios
salvó a Rahab
y a su familia?*

Rahab fue a buscar a los espías que se escondían en la azotea.

—Yo sé que su Dios les ayudará a derrotar a Jericó —dijo—. Por favor, sálvenme junto con mi familia, porque los hemos ayudado hoy.

—Pon una cuerda roja que cuelgue por la ventana, y quédate dentro de la casa con tu familia —le dijeron—. Cuando capturemos la ciudad, veremos la cuerda y sabremos que señala tu casa.

Luego los espías regresaron a salvo al campamento israelita.

Al cruzar el río

Josué reunió a su pueblo en la orilla del río. Pero ¿cómo iban a cruzarlo? No había puentes y había mucha corriente.

—Entren caminando al Jordán —dijo Dios a los sacerdotes—, llevando sobre sus hombros el arca del pacto.

Los sacerdotes lo hicieron, y Dios abrió un camino seco en medio del agua. Los israelitas siguieron a los sacerdotes hasta llegar al otro lado del río. Tan pronto cruzaron todos a salvo, las aguas volvieron a su sitio.

¡Por fin el pueblo de Dios había llegado a la tierra prometida!

El pueblo de Israel cruzó el río Jordán en seco.

Josué 4:22

Ahora que los israelitas han llegado a la tierra prometida, Dios deja de enviarles maná cada mañana.

Una ciudad poderosa

El primer lugar al que llegaron los israelitas era la grande y antigua ciudad de Jericó. Tenía unos muros altos y muy anchos, y unas puertas enormes. Había guardias que la vigilaban por todas partes.

Las puertas estaban bien cerradas para protegerse de los israelitas. Nadie podía entrar ni salir. Así que los israelitas pusieron su campamento a las afueras de la ciudad.

Luego celebraron la fiesta de la Pascua. Recordaron cómo Dios los había liberado de la esclavitud de Egipto años atrás, en tiempos de Moisés.

*¿Por qué era
bueno recordar
la manera en
que Dios los
había sacado
de Egipto?*

Josué conoce a un extraño

Josué estaba tratando de pensar cómo conquistar Jericó. De repente, apareció un hombre con una espada en la mano.

—¿Eres amigo o enemigo? —preguntó Josué.

—¡Soy el comandante del ejército del Señor! —respondió el hombre.

Entonces Dios le explicó a Josué cómo tomar la ciudad.

—Cada día, durante seis días, manda a tu pueblo que marche alrededor de las murallas de la ciudad. Deben ir siete sacerdotes delante, y detrás de ellos los hombres que llevan el arca del pacto. El séptimo día marchen alrededor de la ciudad siete veces. Luego manda a los sacerdotes que toquen sus trompetas, y a todos los demás que griten. Si hacen todo esto, los muros caerán, ¡y Jericó estará en sus manos!

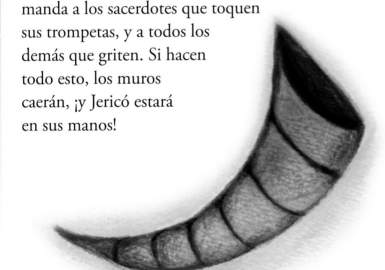

«Me presento ante ti como el comandante del ejército del Señor*».*

Josué 5:14

¿Qué crees que dijeron los israelitas cuando Josué les dio esas extrañas instrucciones?

La conquista de Jericó

Cada día, los israelitas salieron y marcharon alrededor de las murallas de Jericó, tal como Dios le había dicho a Josué.

Los habitantes de Jericó los miraban confundidos. ¿Qué tramaban ahora estos israelitas?

El séptimo día, los israelitas marcharon siete veces alrededor de la gran muralla, siguiendo a los sacerdotes y el arca del pacto, como lo habían hecho los días anteriores.

La séptima vez, los sacerdotes tocaron sus trompetas, y cada israelita gritó con todas sus fuerzas. ¡Qué ruido!

Los muros se desplomaron, tal como Dios había prometido. Los israelitas no tardaron en conquistar toda la ciudad. Josué se acordó de cuidar a Rahab y a su familia, como había prometido.

Cuando los israelitas conquistaron Jericó, tuvieron miedo los demás habitantes de la tierra prometida.

La derrota en Hai

El Señor
exhortó a
Josué: «No
tengas miedo ni
te acobardes!».

Josué 8:1

Esa fue solo la primera de muchas batallas en Canaán. A continuación, Josué tenía que conquistar la ciudad cercana de Hai. Los espías de Josué le dijeron:

—Solo hay unos pocos soldados allí. No necesitamos un gran ejército para tomarla.

Así que Josué envió tres mil soldados para conquistar Hai, pero el ejército de Hai los derrotó fácilmente.

—¿Por qué no ganamos? —preguntó Josué.

—Alguien ha robado oro de Jericó —le dijo Dios—. Te mostraré quién es el ladrón.

El ladrón era un hombre llamado Acán.

—Yo he robado plata y oro, y los he escondido en mi tienda —dijo lamentándose.

Un hombre
arruinó los
planes para los
israelitas.

¡Un tesoro escondido!

Los hombres de Josué revisaron la tienda de Acán. Allí encontraron oro y plata escondidos bajo tierra.

—Lo que hiciste nos llevó a la derrota —reprochó Josué a Acán.

Más tarde Josué volvió a atacar Hai. Esta vez escondió a treinta mil soldados detrás de la ciudad, mientras el resto atacaba desde el frente. Cuando el ejército de Hai salió para pelear, los treinta mil israelitas escondidos salieron y prendieron fuego a la ciudad.

El pueblo respondió: «Sólo al Señor nuestro Dios serviremos, y sólo a él obedeceremos».

Josué 24:24

Aunque Acán había desobedecido, Dios siguió ayudando a su pueblo.

Jueces para Israel

Con Josué como líder, los israelitas conquistaron poco a poco todo el país. Ahora la tierra prometida era suya.

Sin embargo, Josué murió, y algunos israelitas empezaron a adorar a los dioses de los pueblos de Canaán. Dios vio esto y envió ejércitos enemigos para derrotar a los israelitas. Ellos pidieron perdón a Dios y dijeron que volverían a confiar en Él.

Pero esto sucedió una y otra vez. Cada vez que lo hacían Dios perdonaba a su pueblo y les daba un líder que les ayudara. Esos líderes se llamaban «jueces».

Uno de los «jueces» de Israel fue una mujer llamada Débora.

Dios elige a Gedeón

Una vez, un pueblo llamado los madianitas atacó al pueblo de Dios. Los israelitas pidieron ayuda, y Dios escogió a un nuevo líder.

Un hombre llamado Gedeón estaba trillando grano un día cuando apareció un ángel.

—¡Dios está contigo, héroe valiente! —dijo el ángel.

—Yo no soy un héroe. ¡Soy un granjero nada más! —respondió Gedeón—. Y si Dios está de nuestro lado, ¿por qué deja que los madianitas nos atemoricen?

—Dios te ayudará a rescatar a tu pueblo —dijo el ángel.

«El Señor es la paz».

Jueces 6:24

Dios elige todo tipo de personas para ayudarle, no solo a los valientes e inteligentes.

169

Un ejército reducido

*Esa noche el
Señor le dijo:
«¡Levántate!
¡Desciende al
campamento
madianita,
porque te he
dado la victoria
sobre ellos!».*

Jueces 7:9 NTV

**¿Por qué dijo
Dios a Gedeón
que solo
necesitaba un
pequeñísimo
ejército para
vencer al
enemigo?**

Gedeón reunió a miles de hombres israelitas para que le ayudaran a pelear contra los madianitas.

—Saca a todo el que tenga miedo de pelear —le dijo Dios. Así que miles de hombres volvieron a sus casas.

—Todavía tienes demasiados soldados —le dijo Dios—. Ve con ellos al río. Escoge para la batalla a todo el que recoja agua con su mano para llevarla a su boca.

Solo trescientos soldados bebieron el agua de esa manera.

—Te ayudaré a vencer a los madianitas con este diminuto ejército —prometió Dios a Gedeón.

Ataque sorpresa

Gedeón entregó a cada soldado una trompeta y una vasija con una lámpara encendida adentro.

—Cuando lleguemos al campamento de los madianitas —explicó—, tocaremos las trompetas, romperemos las vasijas y gritaremos: «¡La espada de Dios y de Gedeón!».

Esa noche atacaron a los madianitas. Tras la señal, los hombres de Gedeón rompieron sus vasijas y gritaron. Las luces brillaron y el ruido fue ensordecedor.

Los madianitas se despertaron aterrorizados. Pensaron que un ejército gigantesco los atacaba, y huyeron.

¡Israel quedó libre de los crueles madianitas!

Pero Gedeón les dijo: «Sólo el Señor los gobernará».

Jueces 8:23

Con la ayuda de Dios, su pueblo venció a los madianitas.

Sansón el fuerte

El niño creció y el SEÑOR lo bendijo.

Jueces 13:24

Los israelitas no tardaron en volver a olvidarse de su Dios. Así que Dios permitió que los violentos filisteos atacaran a Israel.

Un día, Dios envió a un ángel a visitar a un hombre israelita.

—Tu esposa va a tener un hijo —anunció el ángel—. Él tendrá una misión especial. Cuando crezca, él protegerá a tu pueblo de los filisteos.

El niño nació y sus padres lo llamaron Sansón. Ellos nunca, nunca le cortaron el cabello. Dejaron que le creciera realmente largo, para mostrar que era alguien con una misión especial de parte de Dios.

El nacimiento de otra persona también fue anunciado por un ángel. ¿Quién es esa persona?

Las aventuras de Sansón

Un verano, Sansón vio los campos de los filisteos, listos para la cosecha. Atrapó algunas zorras, prendió fuego a sus colas y las lanzó a correr libremente por los campos. Al instante las cosechas de los filisteos ardían en fuego. ¡Ese año no tuvieron cosecha!

En otra ocasión, Sansón fue atacado por mil filisteos. Él agarró una mandíbula de burro y empezó a golpearlos. ¡Rápidamente los derrotó a todos!

Sansón derrotó siempre a los filisteos. Siempre ganaba y siempre lograba escapar. Era sencillamente demasiado fuerte para los filisteos.

Entonces el Espíritu del SEÑOR vino sobre Sansón con poder.

Jueces 14:19

Sansón era muy fuerte, pero no siempre fue muy listo.

Capturan a Sansón

Los filisteos estaban desesperados por atrapar a Sansón. Pero ¿cómo podrían, si era tan fuerte?

Al fin encontraron la manera. Sansón se enamoró de una bella joven filistea llamada Dalila. Cuando se enteraron de esto, los reyes filisteos le dijeron a Dalila:

—Te daremos mucho dinero si logras que Sansón te diga qué lo hace tan fuerte.

Dalila aceptó.

«Dime el secreto de tu tremenda fuerza».

Jueces 16:6

Sansón fue necio al escoger a Dalila como amiga.

174

El secreto de Sansón

En cuanto Dalila vio a Sansón le preguntó:

—¿Qué te hace tan fuerte, querido?

Pero cada vez que Dalila le pedía que le contara su secreto, Sansón se inventaba una historia.

—Si me atas con cuerdas de arco que sean nuevas —le dijo—, seré tan débil como cualquier otro hombre.

Ella lo intentó, pero Sansón rompió las cuerdas como si fueran hilos de lana.

En otra ocasión le dijo a Dalila:

—Átame con una soga nueva, ¡y entonces mi fuerza desaparecerá!

Ella volvió a intentarlo, pero Sansón rompió la soga como si fuera un hilo de algodón.

La tercera vez que ella preguntó, Sansón dijo:

—Entreteje mi cabello con la tela del telar, y seré tan débil como un bebé.

Dalila lo intentó otra vez, pero Sansón se soltó fácilmente de un tirón.

Dalila exclamó: «¡Ya es la tercera vez que te burlas de mí!».

Jueces 16:15
TLA

¿Descubrirá Dalila el secreto de Sansón?

175

Sansón pierde su cabello

Al fin se lo
dijo todo:
«*Soy nazareo,
consagrado
a Dios desde
antes de
nacer*».

Jueces 16:17

—Si no me cuentas lo que te hace tan fuerte —se quejó Dalila—, quiere decir que no me amas.

Ella se enfurruñó y lloriqueó, hasta que Sansón se rindió.

—Si alguien corta todo mi cabello —susurró a Dalila—, perderé toda mi fuerza. Soy fuerte por causa de mi cabello largo.

Esa noche, tan pronto se quedó dormido, Dalila cortó el cabello de Sansón. ¡Snip, snip, snip!

En ese momento, Sansón perdió toda su fuerza.

¡Pobre
Sansón! Debió
arrepentirse
mucho de
haber confiado
en Dalila.

Los soldados filisteos irrumpieron en la habitación, lo ataron y lo arrastraron hasta la cárcel. Sansón no tuvo fuerza para resistirlos.

Un invitado en cadenas

Meses después, los filisteos hicieron una fiesta para su dios Dagón.

—¡Traigamos a Sansón! —gritó alguien—. Podemos todos burlarnos del hombre fuerte. ¡Qué débil es ahora!

Así que los guardias sacaron a Sansón de la cárcel y lo condujeron al templo donde tenía lugar la fiesta.

Los filisteos se mofaron de él.

—¿No se supone que eres fuerte? —se burlaban—. ¿Cómo es posible que estés encadenado?

¿Qué habían olvidado?

Su fuerza lo abandonó.

Jueces 16:19

177

Última victoria de Sansón

Entonces
Sansón oró
al Señor:
«Oh soberano
Señor,
acuérdate
de mí... te
ruego que me
fortalezcas».

Jueces 16:28

Mientras Sansón estaba en la cárcel, le había empezado a crecer el cabello. ¡Los filisteos no se habían dado cuenta! Ahora su cabello estaba muy largo.

Sansón oyó las burlas de los filisteos y oró: «Señor, ¡devuélveme mi fuerza!». Y Dios respondió su oración.

Sansón se apoyó contra las dos columnas centrales que sostenían el templo y empujó con todas sus fuerzas, ¡hasta que el templo se vino abajo!

Todos los filisteos que estaban en el templo murieron. También Sansón. Esa fue su última gran hazaña de fuerza.

¿Quién dio tanta fuerza a Sansón?

Noemí vuelve a casa

Hubo hambre en la tierra, y un israelita partió con su esposa Noemí a la tierra de Moab, en busca de alimento. Después de un tiempo, él murió. Cuando sus hijos crecieron, se casaron con mujeres moabitas, Orfa y Rut. Pero ambos hijos murieron también.

Cuando Noemí supo que ya no había hambre en Israel, decidió regresar a casa. Su nuera Rut quería acompañarla.

—Quiero estar contigo y con tu pueblo —dijo Rut.

Así que viajaron juntas a Belén, el pueblo de Noemí.

¿Cómo demostró Rut que amaba a Noemí?

Rut en los campos

Rut y Noemí llegaron a Belén al principio de la cosecha. Como necesitaban alimento, Rut fue a los campos a recoger el grano que los segadores habían dejado. La ley ordenaba que el grano caído debía dejarse a los pobres.

Rut recogía grano en los campos de un granjero muy rico llamado Booz. Cuando él supo que Rut había cuidado a su suegra Noemí, quiso ayudarla.

—Por favor, ven cada día y toma todo el grano que necesites —dijo.

Booz empezó a amar a Rut.

Al poco tiempo se casaron y tuvieron un niño.

«*Que el Señor, Dios de Israel... te lo pague con creces*».

Rut 2:12

Dios cuidó a Rut cuando estuvo en otro país.

Un buen hombre

«Job... es un hombre recto e intachable».

Job 1:8

Job era un hombre muy rico. Tenía una esposa, siete hijos, tres hijas y muchísimo ganado y rebaños. Job amaba a Dios y trataba de agradarle.

—Job solo te obedece porque tú lo has hecho rico y le has dado una hermosa familia —dijo Satanás a Dios.

—Está bien —contestó Dios—. Pruébalo. Mira lo que hace si le quitas lo que tiene.

Entonces Satanás causó terribles problemas a Job.

¡Pobre Job! No se imaginaba las cosas terribles que iban a sucederle.

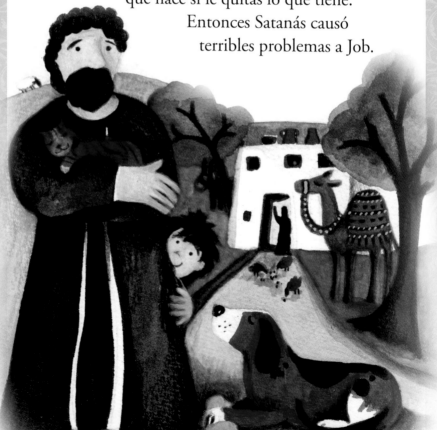

Job es probado

Cinco ladrones robaron los burros y los bueyes de Job.
Luego un incendio acabó con sus ovejas y sus pastores.
Unas bandas saqueadoras se llevaron sus camellos y
mataron a quienes los cuidaban. Cuando los hijos de
Job estaban reunidos en la casa del hermano mayor, un
tornado destruyó la casa y todos murieron.

*Job no pecó ni
le echó la culpa
a Dios.*

Job 1:22

Job estaba destrozado y dijo:

—Dios me dio todo, y ahora me lo ha quitado.
Pero aún así lo amo.

Pero Satanás no había terminado.

—Job te ama porque todavía está
saludable —dijo Satanás.

Así que Dios le dijo a Satanás:

—También puedes enfermar
a Job.

Y en breve Job se llenó
de horribles llagas
que cubrían todo
su cuerpo.

*¿Crees que Job le dio
la espalda a Dios?*

183

Los amigos de Job

«Que el
Todopoderoso
me responda;
que escriba los
cargos que tiene
contra mí».

Job 31:35 NTV

*¿Los amigos
de Job lo
consolaron?*

Ahora Job sentía mucha lástima de
sí mismo.

Tres amigos lo visitaron. Job les dijo todo lo que
había sucedido.

—Estos problemas deben ser un castigo por
desobedecer a Dios —coincidieron.

—Pero yo no he hecho nada malo —respondió Job
enojado—. Siempre he tratado de hacer lo correcto y
agradar a Dios.

Al fin Job se cansó de todos sus problemas. Se quejó
porque Dios no era justo con él.

Dios bendice a Job

—Déjame hacerte una pregunta, Job —dijo Dios—.
¿Comprendes todo lo que he creado? Nunca olvides
que eres tan solo un hombre, ¡y yo soy el Señor del
universo!

—Yo sé lo maravilloso que eres —respondió Job—.
Perdóname por quejarme.

Entonces Dios le devolvió a Job su salud, y más
riquezas de las que había tenido antes. A Job y a su
esposa, Dios les dio otros siete hijos y tres hijas, el
mismo número que tenían antes.

*«¿Dónde
estabas tú
cuando puse los
cimientos de la
tierra?».*

Job 38:4 NTV

Aun cuando
nos suceden
cosas malas,
Dios no nos
olvida.

185

Jonás huye

Un día, Dios habló a un israelita llamado Jonás.

—¡Ve a la ciudad de Nínive! —le dijo Dios—. Diles
a sus habitantes que están haciendo cosas muy malas.
Si no cambian, voy a castigarlos.

Yo no quiero ir y decir a esa gente que Dios va a
castigarlos —pensó Jonás—. ¡Me da demasiado miedo!

Así fue que en vez de ir, Jonás huyó. Se dirigió a la
costa y abordó un barco.

¿Qué sucedió después en la historia de aventuras de Jonás?

Una gran tormenta

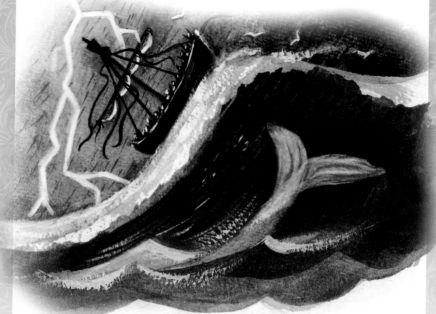

«*Soy hebreo y adoro a nuestro Dios, soberano y creador de todas las cosas*».

Jonás 1:9
TLA

¿Oyó Dios la oración de Jonás?

Cuando ya estaban en alta mar, Dios envió una terrible tormenta. Las olas crecían, caía la lluvia, y destellaban relámpagos. La tormenta era tan fuerte que el barco casi se parte en dos.

—¡Dios, ayúdanos! —gritaron los marineros—. ¡Por favor, no permitas que nos ahoguemos!

Jonás estaba debajo de la cubierta del barco, profundamente dormido. Ni siquiera se había dado cuenta de la tormenta. El capitán bajó al fondo del barco para despertarlo.

—¡Despiértate! —gritó—. ¡Ayúdanos a orar! ¡Tal vez tu Dios te escuche!

187

¡Hombre al agua!

—Dios no me va a escuchar —confesó Jonás al capitán—. Todo es mi culpa, porque he desobedecido a Dios. Nunca debí subirme a su barco. Yo debería estar en Nínive. Supongo que por eso Dios envió la tormenta.

Jonás subió a la cubierta con el capitán.

—¡Láncenme al mar! —gritó a los marineros—. Tal vez así se calmará la tormenta, y ustedes estarán a salvo.

Con gran esfuerzo, los marineros lanzaron a Jonás al mar. En el instante en que tocó el agua, la tormenta se detuvo.

Los marineros gritaron: «¡Dios! ¡Por favor, no nos dejes morir por matar a un hombre inocente!».

Jonás 1:14 TLA

¿Terminó todo aquí para el pobre Jonás?

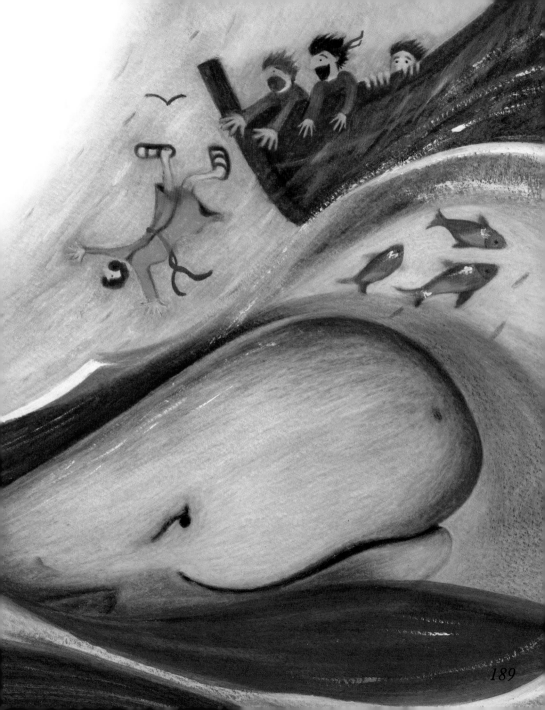

Historia 172

Un gran pez

Aunque había desobedecido a Dios, Jonás oró cuando estaba en apuros.

Jonás se hundió profundo, profundo en el remolino de agua. Estaba seguro de que iba a ahogarse.

Entonces, de repente, ¡glup! Algo se tragó a Jonás.

Estaba en el estómago de un pez enorme, gigantesco, inmenso y colosal que nadaba por ahí. Jonás estuvo dentro de ese pez durante tres días y tres noches.

—¡Señor, sálvame! —oraba desde el estómago del pez.

En la playa

Dios escuchó la oración de Jonás. Al tercer día, el pez enorme, gigantesco, inmenso y colosal escupió a Jonás en la playa.

Jonás se paró, se sacudió las algas, y se preguntaba qué debía hacer ahora.

Entonces Dios le habló de nuevo.

—Jonás, ¡ve a la gran ciudad de Nínive! —dijo el Señor—. Dile a sus habitantes: Dios los castigará si no cambian.

¿Piensas que esta vez Jonás sí obedeció a Dios?

«¡La salvación viene del Señor!».

Jonás 2:9

191

Jonás obedece

Esta vez, Jonás hizo lo que Dios le había dicho. Viajó a Nínive.

—Dios va a destruir su gran ciudad —dijo al pueblo—. ¡Solo le quedan cuarenta días a Nínive!

La gente de Nínive estaba aterrorizada.

—¡Estamos muy arrepentidos! —oraban—. ¡Perdónanos! Queremos cambiar.

Dios los escuchó.

—Después de todo, no destruiré su ciudad —les dijo.

Así que el barco se salvó, Jonás se salvó, ¡y la gran ciudad de Nínive también se salvó!

El Señor dijo a Jonás: «¿No debería yo sentir lástima por esta gran ciudad?».

Jonás 4:11 NTV

Dios escuchó las oraciones de la gente de Nínive y también las oraciones de Jonás.

Ana ora

En la tierra prometida, en la cima de una colina, se encontraba la tienda de Dios, el tabernáculo. Allí vivían los sacerdotes que enseñaban a los israelitas a amar y a obedecer a Dios.

Cada año celebraban una gran fiesta, y muchas personas asistían.

Un año, un hombre trajo a la fiesta a su esposa Ana. Ella estaba triste porque no tenía hijos.

—Dios, por favor, dame un hijito —rogó Ana—. Cuando él crezca, yo te lo entregaré para que te sirva.

Elí, el sumo sacerdote, la vio y le dijo:

—Ve en paz. Dios ha escuchado tu oración.

«No hay roca como nuestro Dios».

1 Samuel 2:2

¿Qué le pides tú a Dios?

193

Un bebé para Ana

Ana volvió a casa mucho más contenta. Estaba segura de que pronto tendría el hijo que tanto anhelaba. Y así fue.

—Llamaremos a nuestro pequeño Samuel —dijo ella, cuando llegó el bebé—. Yo se lo entregaré a Dios para que ayude en el tabernáculo, como prometí.

Cuando Samuel había crecido lo suficiente, Ana lo llevó a la tienda de Dios. Elí, el sumo sacerdote, estaba esperando.

—Aquí está el hijo que pedí —dijo Ana—. He traído a Samuel para que te ayude en el tabernáculo.

En poco tiempo, Samuel empezó a ayudar a los sacerdotes con las labores de cada día.

¿Contestó Dios la oración de Ana?

Una voz en la noche

Una noche, Samuel estaba dormido en su cama cuando una voz lo llamó: «¡Samuel! ¡Samuel!».

Samuel se despertó de un salto. Pensó que lo llamaba Elí, y corrió hacia donde estaba el anciano.

—¡Aquí estoy, Elí! —le dijo—. Me llamaste.

—Yo no te llamé —dijo Elí—. Ve y acuéstate otra vez.

Samuel regresó a su cama, pero otra vez escuchó la voz que lo llamaba: «¡Samuel!».

El muchacho salió corriendo hacia Elí, diciendo:

—Aquí estoy, Elí, tú sí me llamaste.

El anciano sacerdote dijo de nuevo:

—¡Yo no te llamé! Anda y acuéstate otra vez.

Entonces volvió a oír la voz por tercera vez: «¡Samuel! ¡Samuel!».

Por tercera vez Samuel fue adonde estaba Elí y dijo:

—¡Aquí estoy, Elí! Estoy seguro de que oí que me llamabas.

En ese momento Elí se dio cuenta de que era Dios quien llamaba a Samuel.

—Anda y acuéstate —dijo Elí—. Si oyes de nuevo la voz, responde: «Habla, Señor, que tu siervo escucha».

«Habla, que tu siervo escucha».

1 Samuel 3:10

¿Quién llamaba a Samuel?

195

Elí dijo: «Él
es el Señor;
que haga lo
que mejor le
parezca».

1 Samuel 3:18

Samuel escucha

Samuel se asustó un poco cuando Elí dijo que era el Señor, pero regresó a su habitación y se acostó. Al rato, en la oscuridad, volvió a escuchar la voz: «¡Samuel! ¡Samuel!».

Esta vez él contestó como Elías le había dicho: «Habla, Señor, que tu siervo escucha».

Y Dios habló a Samuel. Eran malas noticias. Dios dijo a Samuel que Elí y sus hijos habían hecho cosas malas. Samuel se preocupó. No quería contarle nada a Elí.

Sin embargo, a la mañana siguiente Elí le preguntó acerca de lo que Dios le había dicho, y Samuel se lo dijo. El anciano se puso triste.

¿Por qué
Samuel no
quería decir
a Elí lo que
Dios le había
dicho?

Roban el arca

«¡Se han llevado la gloria de Israel! ¡El arca de Dios ha sido capturada!».

1 Samuel 4:22

¿Era buena idea poner el arca junto a Dagón?

Los israelitas estaban peleando otra vez con los filisteos. Seguían perdiendo todas las batallas.

Algunos israelitas decidieron llevarse el arca del pacto a la batalla. ¡Pensaron que iba a ayudarles a ganar!

Pero los filisteos capturaron el arca sagrada. La llevaron a una de sus ciudades. Allí la pusieron en un templo, junto a la estatua de su dios Dagón.

Un dios despedazado

«*El Dios de Israel nos ha castigado*».

1 Samuel 5:7
TLA

La mañana siguiente, los filisteos descubrieron la estatua de Dagón caída frente al arca. De inmediato recogieron su imagen.

Luego, el día siguiente, encontraron otra vez a Dagón caído, con su cabeza y sus manos rotas.

Durante el tiempo que estuvo allí el arca, los filisteos sufrieron terribles problemas.

—El Dios de los israelitas nos está castigando por robar el arca —dijeron—. ¡Debemos deshacernos de ella o moriremos!

¿Qué hicieron los filisteos con el arca?

El arca regresa

Los filisteos decidieron enviar el arca a la ciudad de Gad. Pero, al poco tiempo, las personas de ese lugar empezaron a morir.

Luego la llevaron a otra ciudad. Pero, cuando los habitantes vieron que venía el arca, dijeron:

—¡No! Moriremos también. Envíenla de regreso a Israel, o todos los filisteos moriremos.

Así que pusieron el arca en un carro y la enviaron de regreso a Israel. Cuando los israelitas vieron que regresaba el arca santa de Dios, se alegraron mucho.

«*El Señor es un Dios santo*».

1 Samuel 6:20

Dios cuidó del arca santa a pesar de que su pueblo no lo hizo.

199

Israel exige un rey

Cuando el joven Samuel creció, gobernó a su pueblo, los israelitas. Les enseñó cómo vivir de una manera agradable a Dios.

Un día, vinieron a verlo varias personas.

—Ya eres muy anciano —le dijeron a Samuel—. Nos gustaría tener un rey que nos gobierne.

—Si quieren un rey, pronto estarán quejándose de él —les dijo Samuel—. Él hará todo lo que hacen los reyes: les quitará mucho dinero.

¿Por qué querían los israelitas tener un rey?

—Queremos ser como las otras naciones —dijo el pueblo—. Queremos un rey que nos gobierne.

—Está bien —dijo Samuel al fin—. Yo les buscaré un rey. ¡Pero no digan que no les he advertido acerca de lo que pasará!

Asnas perdidas

En ese tiempo, vivía un joven llamado Saúl. Su padre, Cis, era dueño de numerosos rebaños de ovejas y de vacas, y también de algunos asnos salvajes.

Un día Cis mandó llamar a Saúl.

—Algunas asnas han escapado —dijo Cis—. Anda y mira si puedes encontrarlas.

De modo que Saúl se fue con un siervo en busca de las asnas perdidas. Pero no las encontraron por ninguna parte.

—Vamos ya a casa —dijo Saúl a su siervo.

Entonces el siervo tuvo una gran idea.

—Estamos cerca de donde vive el vidente Samuel —le dijo a Saúl—. Preguntémosle cuál es el camino correcto.

Cuando Samuel les abrió la puerta, su primer pensamiento fue:

—¡Este joven tiene la apariencia exacta de un rey!

¿Se convirtió Saúl en rey?

Saúl, que era buen mozo y apuesto... tan alto que los demás apenas le llegaban al hombro.

1 Samuel 9:2

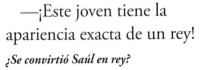

El lugar de honor

Samuel le dijo:« ¡Es el Señor quien te ha ungido para que gobiernes a su pueblo!».

1 Samuel 10:1

—Vamos a celebrar un gran banquete —le dijo Samuel a Saúl—. ¡Por favor, acompáñanos! Y deja de preocuparte por las asnas que alguien ya las ha encontrado.

Saúl acompañó a Samuel al banquete. Otra sorpresa le esperaba: ¡Samuel puso a Saúl en la silla principal!

—En verdad que Saúl podría ser un gran rey —se decían los invitados unos a otros—. Seguro que él podría vencer a nuestros enemigos.

—El pueblo quiere un rey —dijo Samuel a Saúl—. Tiene que ser alguien joven, fuerte y valiente. Cuando llegue el momento, tú serás ese rey.

¿Cómo crees que se sintió Saúl después de este banquete?

Una corona para Saúl

Al cabo de un tiempo, Samuel mandó
llamar a Saúl.

—¡Aquí está el rey que Dios ha
escogido! —anunció Samuel a los
israelitas—. No hay nadie como él
en toda la tierra.

—¡Viva el rey! —aclamaron
las multitudes.

De esta manera Saúl se
convirtió en rey de Israel.

¡El joven que salió
en busca de unas
asnas perdidas había
encontrado una
corona real!

*«¡Viva
el rey!»,
exclamaron
todos.*

1 Samuel 10:24

*¿Fue Saúl un
buen rey?*

Un pastor que cantaba

El Señor es mi pastor, nada me falta; en verdes pastos me hace descansar.

Salmo 23:1-2

¿Recuerdas a otro niño que tenía muchos hermanos mayores?

En la pequeña aldea de Belén vivía un joven pastor llamado David. Él tenía siete hermanos mayores.

David era un buen pastor. Con su honda, podía lanzar una piedra desde muy lejos, e incluso había matado a un león y a un oso hambrientos.

David también cantaba muy bien y tocaba el arpa.

La búsqueda de Samuel

El rey Saúl empezó bien como gobernante de Israel, pero al poco tiempo empezó a hacer lo malo.

Más adelante, Dios le dijo a Samuel:

—Debes buscar un nuevo rey para que gobierne a Israel. Ve a Belén y busca a un hombre llamado Isaí. Uno de sus hijos será el próximo rey.

Entonces Samuel fue a Belén. Isaí preparó un gran banquete para él. Samuel observó cuidadosamente a los hijos de Isaí. Todos eran hombres fuertes y apuestos.

—Ninguno de ellos es el que he escogido —dijo Dios a Samuel—. Yo no me fijo en las personas por su apariencia. Yo veo lo que está en su corazón.

«La gente se fija en las apariencias, pero yo me fijo en el corazón».

1 Samuel 16:7

¿A quién escogió Dios?

Un nuevo rey

David, que era un joven de piel morena, ojos brillantes y muy bien parecido.

1 Samuel 16:12

Samuel tenía una duda. Se dio vuelta y le preguntó a Isaí:

—¿Todos tus hijos están aquí?

—Todos excepto David, el más joven —respondió Isaí—. Él está en el campo cuidando mis ovejas.

—¡Tráiganlo también! —dijo Samuel.

Así que sus hermanos fueron a buscar a David.

Tan pronto como el joven entró, Samuel supo:

—Este es el que Dios ha escogido. Cuando sea mayor, este muchacho se convertirá en rey de Israel.

Samuel derramó aceite sobre la cabeza de David, para mostrarles a todos que él sería el próximo rey.

¡Dios escogió al hijo que los otros habían olvidado!

El temible Goliat

Los filisteos volvieron a atacar a Israel. En su ejército, había un gigante llamado Goliat que no le tenía miedo a nadie.

—No todos tienen que morir —gritó Goliat a los israelitas—. Elige a un soldado para que pelee conmigo. Si él gana, los filisteos seremos sus esclavos. Pero si yo lo mato, ¡ustedes nos servirán! Vamos, ¿ninguno es tan valiente para pelear conmigo?

Saúl tenía miedo de Goliat, al igual que todos sus soldados. Todos permanecieron en el campamento, pero día tras día Goliat seguía gritándoles.

*¿Quién aceptaría el desafío
del gigante?*

«¡Yo desafío
hoy al ejército
de Israel!
¡Elijan a
un hombre
que pelee
conmigo!».

1 Samuel 17:10

El desafío del gigante

«¿Quién se
cree este filisteo
pagano, que se
atreve a desafiar
al ejército
del Dios
viviente?».

1 Samuel 17:26

Todos los hermanos de David se alistaron para unirse al ejército. David era demasiado joven y se había quedado en casa.

Un día, David llevó comida para sus hermanos en el campamento del ejército. Mientras hablaba con ellos, Goliat se presentó delante del campamento filisteo.

—¿Quién es tan valiente para pelear conmigo? —vociferó el gigante como de costumbre.

—Yo pelearé contra Goliat —dijo el joven David.

—¡Pero no eres más que un niño! —se rieron sus hermanos.

**¿Por qué era
tan valiente
David?**

¡Demasiado grande!

David salió al encuentro del rey Saúl.

—No le temo a este gigante —dijo David al rey—.
Yo enfrentaré a Goliat por ustedes.

—¡Pero tú eres demasiado joven! —dijo Saúl.

—¡Yo he matado a un león y a un oso! —dijo
David—. Dios me ayudará también a vencer a este
atrevido gigante.

—¡Anda, pues! —dijo
Saúl.

El rey dio a David
su propia armadura.
David se puso el
inmenso yelmo y la
pesada cota de malla, y
tomó la gran espada de
Saúl.

—Ni siquiera
puedo caminar
con esto —dijo
David, y se los
quitó.

*«Anda, pues
—dijo Saúl—, y
que el Señor te
acompañe».*

1 Samuel 17:37

**¿Cómo iba
David a
pelear
contra el
gigante?**

«Yo vengo a ti en el nombre del Señor Todopoderoso».

1 Samuel 17:45

David confió en la ayuda de Dios para vencer al gigante.

Goliat cae

David fue al río y escogió cinco piedras lisas. Las puso en su pequeña bolsa de pastor. Luego salió a enfrentarse con Goliat.

El poderoso gigante bajó la colina haciendo un gran estruendo. Cuando vio a David, se echó a reír.

—¿Es esto lo mejor que tienen para pelear conmigo? —grito.

David puso una piedra en su honda, la hizo girar alrededor de su cabeza y la lanzó. La piedra golpeó a Goliat en la frente, y el gigante se desplomó.

Los filisteos vieron cómo cayó muerto su héroe. Todos huyeron.

David huye de Saúl

El rey Saúl se sentía muchas veces triste y temeroso.

—Tal vez un poco de música le ayude a sentirse mejor —dijeron sus amigos—. Hemos oído que David toca muy bien el arpa.

Así que Saúl invitó a David a tocar su arpa cuando se sentía triste.

Sin embargo, Saúl empezó a sentir envidia de David porque la gente no paraba de decir que David era más valiente que él.

Un día, cuando David empezó a tocar, Saúl arrojó una lanza contra él. David la vio y logró esquivarla. Luego tuvo que huir del palacio.

¿Tenía David amigos que lo ayudaran?

212

Los mejores amigos

David se convirtió en el mejor amigo de Jonatán, el hijo de Saúl.

—¿Por qué quiere matarme Saúl? —le preguntó a Jonatán.

—Trataré de averiguarlo —prometió Jonatán—. Si mi padre sigue enojado, vendré y lanzaré flechas en el campo. Si yo digo: «Las flechas están más allá», sabrás que estás en peligro.

Jonatán descubrió que su padre Saúl quería matar a David. Así que fue al campo y dio la señal que había acordado con David.

David huyó lejos de ahí.

Jonatán quería a David como a sí mismo.

1 Samuel 20:17

¿Tienes un mejor amigo? ¿Cómo puedes ayudarlo?

El rey durmiente

Saúl buscó a David por todas partes. Estaba ansioso por matarlo.

Una vez, David y sus hombres encontraron a Saúl y a sus soldados dormidos en una cueva. David entró sigilosamente y cortó un pedazo del manto de Saúl, sin despertarlo. Pero no le hizo daño al rey.

—No está bien que yo haga daño al hombre a quien Dios ha escogido como rey —dijo David.

«Has actuado mejor que yo —continuó Saúl—. Me has devuelto bien por mal».

1 Samuel 24:17

¿Hirió David al hombre que quería matarlo?

Saúl muere

**Aunque Saúl
había tratado
de matarlo,
David se puso
muy triste
cuando el rey
murió.**

Poco tiempo después, los filisteos derrotaron al
ejército de Saúl en una gran batalla. Muchos israelitas
murieron, entre ellos Jonatán. Saúl fue herido
gravemente.

—Por favor, mátame —pidió Saúl a su escudero—,
para que los filisteos no me capturen.

Pero su escudero no quiso hacerlo. Así que Saúl se
mató a sí mismo.

Los israelitas lloraron a su rey durante siete días.

David se puso muy triste cuando se enteró de que
Saúl y Jonatán habían muerto.

David es coronado

Después de la muerte de Saúl, David se convirtió en el rey de Israel, tal como Samuel había prometido.

En ese tiempo, un pueblo llamado los jebuseos vivía en la ciudad de Jerusalén. David los expulsó y declaró a Jerusalén la ciudad capital de Israel.

> *«Tú guiarás a mi pueblo Israel y lo gobernarás».*
>
> *2 Samuel 5:2*

Después de esto, Jerusalén se convirtió en una ciudad muy importante para el pueblo judío.

La bienvenida para el arca

David quería que se trajera el arca del pacto a Jerusalén. Fue a la ciudad donde había estado guardada por muchos años, y organizó todo para transportar el arca a Jerusalén.

Todos estaban muy felices. Las personas cantaban y danzaban de alegría cuando el arca entraba a Jerusalén.

Por fin el arca estaba de regreso en la gran ciudad de Jerusalén.

Se puso a bailar ante el Señor con gran entusiasmo.

2 Samuel 6:14

¿Por qué crees que David se alegró tanto de que el arca volviera a Jerusalén?

217

David cumple una promesa

«Quisiera
mostrarle la
bondad de
Dios».

*2 Samuel 9:3
NTV*

David extrañaba mucho a Jonatán. Una vez le había prometido a Jonatán que él siempre cuidaría a su familia.

David llamó a un antiguo siervo.

—¿Hay algún miembro de la familia de Jonatán que siga vivo? —preguntó.

—Sí, uno de sus hijos —dijo el siervo—. Se llama Mefiboset. Cuando era niño, quedó lisiado.

David mandó traer a Mefiboset.

—Yo amé a tu padre Jonatán, y quiero ser bueno contigo —le dijo David—. Por favor, ven a vivir a mi palacio conmigo por el resto de tu vida.

David cumplió su promesa a su amigo Jonatán. ¿Procuras cumplir tus promesas a tus amigos?

Un buen rey

**Dios mío, mi
corazón está
dispuesto
a cantarte
himnos.**

Salmo 108:1
TLA

David escribió muchas canciones de alabanza a Dios.
Puedes encontrar algunas de ellas en la Biblia, en el
libro de los Salmos.

David gobernó a Israel cuarenta años. Tuvo muchos
hijos, y uno de ellos, Salomón, se convirtió en rey
cuando David murió.

David le dio a Salomón un consejo muy útil: «¡Sé un
rey fuerte! Confía en Dios y obedece sus leyes».

*¿Siguió
Salomón el
consejo de su
padre?*

219

Una petición sabia

«*Y si tú
me sigues y
obedeces mis
decretos y mis
mandatos como
lo hizo tu padre
David, también
te daré una
larga vida*».

1 Reyes 3:14
NTV

Después de que Salomón se convirtió en rey, Dios le habló una noche en un sueño.

—¿Qué regalo te gustaría? —le preguntó Dios.

—Todavía soy joven, y gobierno una gran nación —respondió Salomón—. ¡Te pido que me hagas sabio! Necesito tomar buenas decisiones cuando mi pueblo venga y me pregunte qué hacer.

—Te haré más sabio que cualquier persona que haya vivido jamás —prometió Dios al rey.

*¿Qué regalo le
pedirías
a Dios?*

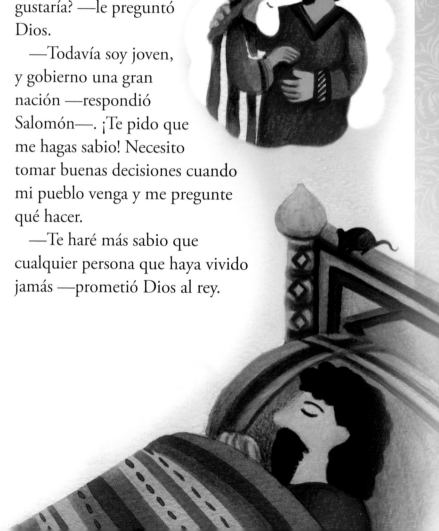

Pelea por un bebé

Un día, dos mujeres trajeron a un bebé al palacio del rey Salomón.

—¡Es mi bebé! —gritaba una mujer.

—No, no es tuyo, ¡es mío! —gritaba la otra.

Hacían tanto escándalo con su pelea que Salomón tuvo que exclamar:

—¡Por favor, guarden silencio! ¡No me dejan pensar!

Salomón tenía que decidir cuál de las dos madres era la verdadera madre del bebé. Pensó y pensó por un largo rato.

Al fin el rey ordenó:

—¡Llamen al capitán de mi guardia!

¿Qué hizo el rey después?

Dios le dio a Salomón sabiduría e inteligencia extraordinarias.

1 Reyes 4:29

Cuando el pueblo se enteró de la decisión que había tomado el rey, todos en Israel quedaron admirados.

1 Reyes 3:28 NTV

¿Por qué amenazó Salomón con cortar el bebé en dos?

Salomón decide

El capitán de la guardia llegó.

—Llévate a este bebé, ¡y pártelo en dos! —ordenó Salomón—. ¡Cada mujer puede quedarse con una mitad!

—¡No! ¡No! ¡Por favor, no hagan eso! —lloró una mujer—. ¡Por favor, no lastimen al bebé! Prefiero que esa mujer tenga al bebé y no que sea cortado en dos.

De inmediato, el sabio rey Salomón supo que esta mujer era la verdadera madre. Ella amaba al bebé y quería por encima de todo que él viviera. Lo amaba con un verdadero amor de madre.

Todos vieron cuánta sabiduría había dado Dios a Salomón.

Salomón construye un templo

El rey Salomón construyó un maravilloso templo donde su pueblo podía adorar a Dios. Los edificadores usaron enormes bloques de piedra para levantar las paredes del templo. Trajeron madera fina para cubrir las paredes y construir los muebles.

El arca del pacto estaba guardada dentro, en una habitación sin ventanas llamada el lugar santísimo. Nadie podía entrar allí, excepto el sumo sacerdote una vez al año.

En una habitación exterior había un altar dorado y diez candelabros de oro.

El rey Salomón hizo el templo lo más espléndido que pudo.

« He sucedido a mi padre David en el trono de Israel y he construido el templo en honor del SEÑOR ».

1 Reyes 8:20

¿Dónde estaba guardada el arca del pacto antes de la construcción del templo?

Se termina el templo

Después de siete años, el templo quedó terminado. El rey Salomón convocó a todo su pueblo para celebrar.

Los sacerdotes pusieron el arca dorada en el templo. Cuando los sacerdotes salieron, la gloria de Dios se manifestó, llenando el templo como una enorme nube.

—Oh, Dios de Israel, escucha las oraciones de tu pueblo —pidió Salomón—. Escúchanos, y ayúdanos siempre.

Después de esto, ¡los israelitas disfrutaron de una gran fiesta que duró toda la semana!

¿Recuerdas lo que había dentro del arca del pacto?

La visita de una reina

Las riquezas del rey Salomón eran famosas en todo el mundo. Él comía en platos dorados, y su trono estaba hecho de mármol. Poseía cientos de carros y miles de caballos.

Todas las personas sabían también cuán sabio era. Gente de todo el mundo visitaba a Salomón para pedirle consejo.

Una vez, la reina de Sabá visitó a Salomón. Le hizo muchas preguntas difíciles, ¡y él las respondió todas!

La reina de Sabá le dijo: «En su eterno amor por Israel, el SEÑOR te ha hecho rey para que gobiernes con justicia y rectitud».

1 Reyes 10:9

¿Respondió Dios la oración de Salomón de hacerlo sabio?

225

El peor rey

Después de la muerte de Salomón, su reino se dividió en dos: el reino de Israel y el reino de Judá. Ambos reinos fueron gobernados a veces por buenos reyes, y a veces por malos reyes.

¡Acab fue el peor de todos! Se casó con Jezabel, una mujer que oraba al dios falso Baal. Acab empezó también a adorar a Baal. Incluso le construyó un templo.

Dios envió al profeta Elías a ver a Acab. Elías era uno de los mensajeros especiales de Dios, o «profetas». Él le dijo al pueblo lo que Dios quería decirles.

—Acab —dijo Elías—, ¡has hecho tantas cosas malas que Dios ordena que no habrá lluvia en tu reino durante muchos años!

Acab se enojó mucho. Quería hacerle daño a Elías.

¿Protegió Dios a Elías?

Elías huye

Elías huyó de Acab al desierto y vivió allí solo, junto a un pequeño arroyo.

Elías no podía encontrar comida en el desierto, así que oró: «Señor Dios, por favor, dame algo para comer».

Dios envió a Elías pájaros grandes y negros llamados cuervos. Ellos le llevaron comida en sus picos.

Había tan poca lluvia que un día el pequeño arroyo se secó.

Ahora Elías no tenía agua para beber. ¿Qué podía hacer?

—Ve a la aldea de Sarepta —le dijo Dios—. Le he dicho a una viuda allí que te cuide.

El Señor dijo: «*Les ordenaré a los cuervos que te den de comer*».

1 Reyes 17:4

Elías recibió comida del cielo

227

Elías pide comida

Dios seguía cuidando a su profeta Elías.

Cuando Elías llegó a Sarepta, vio a una mujer que recogía ramas secas.

—¿Puedes darme un poco de agua y un pedazo de pan? —le preguntó.

La mujer negó con la cabeza.

—No tengo pan, solo un puñado de harina y una gota de aceite —dijo—. Voy a encender un fuego y hornear el último pan para mi hijo y para mí. Luego moriremos de hambre.

—Hornea el pan y dame un poco —dijo Elías—. Dios ha prometido que tu harina y tu aceite no se agotarán hasta que llueva y haya cosechas otra vez.

Así que la viuda horneó un pan y le dio a Elías un pedazo.

A partir de ese día y hasta que volvió a llover, la mujer tuvo siempre alimento suficiente para ella y su hijo, y para el profeta Elías.

¡Ha vuelto a vivir!

Entonces la mujer le dijo a Elías: «Ahora sé que eres un hombre de Dios, y que lo que sale de tu boca es realmente la palabra del Señor».

1 Reyes 17:24

Un día, el hijo de esta mujer cayó enfermó y murió. Ella estaba muy triste.

—Señor, esta mujer me ha ayudado —dijo Elías a Dios—. ¿Por qué has permitido que su niño muera?

Elías oró tres veces a Dios:

—¡Por favor, devuélvele la vida a este niño!

Elías lo llevó a su madre.

—¡Mira! —dijo—. ¡Tu hijo ha vuelto a vivir!

¿Recuerdas otras personas en la Biblia que hayan vuelto a vivir?

Y cuando
Acab lo vio,
le preguntó:
«¿Eres tú el
que le está
causando
problemas a
Israel?».

1 Reyes 18:17

¡Agitador!

Pasaron tres años sin que lloviera.

—Anda y visita de nuevo al rey Acab —dijo por fin Dios a Elías. Así que el profeta salió de la casa de la viuda y regresó al palacio de Acab.

—Tú eres Elías, ¡el gran agitador! —dijo el rey—. ¡Me sorprende que te atrevas a venir aquí! No has traído más que sufrimiento a mi reino.

—¡Tonterías! —dijo Elías—. Eres tú, Acab, quien ha causado estos problemas a tu reino. Dios te ha castigado a ti y a tu pueblo. Es tu culpa y de nadie más que no haya lluvia.

El rey se enojó con él, pero sabía que él tenía razón.

—¡Hagamos ahora una competencia! —dijo Elías—. Veremos cuál es el dios verdadero: tu dios Baal o mi Dios. Acab estuvo de acuerdo.

*¿Quién
gano la
competencia?*

Una competencia

—Convoca a todo tu pueblo al monte Carmelo —dijo Elías a Acab—. Trae también a los profetas de Baal.

Todos se reunieron en el monte Carmelo para preparar la competencia. Los profetas del rey Acab corrían de un lado a otro, recogiendo piedras para construir un altar para su dios Baal.

Elías escogió algunas piedras para construir un altar para su Dios.

Entonces empezó la competencia.

«¿Hasta cuándo van a seguir indecisos? Si el Dios verdadero es el SEÑOR, deben seguirlo».

1 Reyes 18:21

Había muchos profetas de Baal, pero ¿ganaron?

¡Sin respuesta!

Primero, los profetas de Acab pusieron sus ofrendas sobre su altar. Luego oraron y esperaron que Baal enviara fuego que encendiera su sacrificio.

¡No pasó nada!

Los profetas del rey gritaron a Baal para que enviara fuego. No hubo fuego.

—¡Oren más fuerte! —se mofó Elías—. Tal vez su dios está dormido. ¡O tal vez salió de cacería y no puede oírlos!

Gritaron más y más fuerte, pero nada sucedió. Al fin se dieron por vencidos.

¿Qué hizo Elías después?

Fuego del cielo

Ya era casi de noche. Elías, el profeta de Dios, puso una ofrenda sobre su altar. Luego derramó agua sobre la ofrenda, para que fuera más difícil encenderla.

—Dios del cielo —oró—, ¡envía fuego sobre mi altar!

El fuego cayó, y quemó la ofrenda, las piedras e incluso el agua.

Ahora el pueblo de Israel vio que el Dios de Elías era el verdadero Dios, no Baal, el dios del rey Acab.

«¡El Señor es Dios! ¡El Señor es Dios!».

1 Reyes 18:39

¿Crees que al rey Acab le agradó lo que sucedió?

233

Una nubecita

«*Desde el mar viene subiendo una nube. Es tan pequeña como una mano*».

1 Reyes 18:44

—¡Mira hacia el mar! —dijo Elías a su siervo—. Dime lo que ves.

El siervo regresó.

—No veo nada.

—¡Mira otra vez! —le dijo Elías.

Esto se repitió siete veces. La séptima vez, el siervo informó:

—Veo una nubecita en el horizonte. No es más grande que una mano.

Dios envía lluvia

—¡Bien! —dijo Elías—. Ahora ve y dile a Acab que le conviene bajar del monte. Pronto lloverá tan fuerte que no podrá conducir su carro.

Mientras hablaba, la nubecita se hizo más grande. En poco tiempo el cielo estaba negro con nubes que presagiaban tormenta. El viento soplaba con fuerza, y al fin llovió. ¡Llovió a cántaros! El rey Acab salió a toda prisa en su carro hacia su casa.

¡Elías corrió aun más rápido y llegó primero a la ciudad!

Entonces el poder del Señor vino sobre Elías, quien ajustándose el manto con el cinturón, echó a correr y llegó a Jezrel antes que Acab.

1 Reyes 18:46

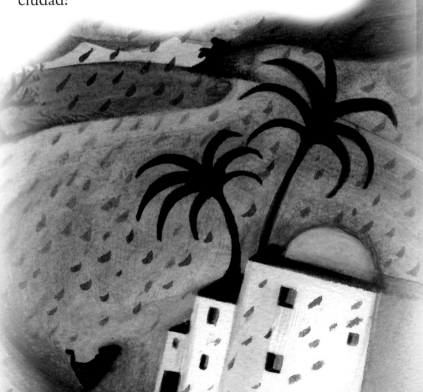

Dios cumplió su palabra: volvió a llover.

Alimentado por un ángel

El rey Acab y su horrible esposa Jezabel aún querían matar a Elías. Así que Elías tuvo que huir otra vez al desierto. Cuando llegó allí, se sentía tan cansado y triste que se acostó y se quedó dormido.

Alguien tocó a Elías en el hombro.

Elías se despertó, asustado.

¿Lo habían descubierto los soldados de Acab?

¡No, era un ángel! El ángel de Dios había venido a preparar la cena de Elías.

Después de una buena cena, Elías se sintió fuerte para emprender de nuevo su largo viaje.

Entonces el Señor le dijo a Elías: «¿Qué haces aquí, Elías?».

1 Reyes 19:9
NTV

Dios cuidó a su profeta cuando estuvo en peligro.

Un ayudante para Elías

Elías escuchó una voz suave que le dijo: «Anda y busca a un hombre llamado Eliseo. Él te ayudará y tomará tu lugar cuando te vayas».

Dios quería decirle a Elías que ya no iba a estar solo. De inmediato, Elías se fue del desierto. Pronto encontró a Eliseo, que trabajaba en un campo.

Elías puso su manto sobre los hombros de Eliseo, para mostrarle que Eliseo se había convertido en su ayudante.

Elías ya era mayor. Ahora su joven ayudante Eliseo lo acompañaba a todas partes.

Eliseo dejó los bueyes donde estaban, salió corriendo detrás de Elías y le dijo: «Deje que primero me despida de mis padres con un beso y luego iré con usted».

1 Reyes 19:20
NTV

¿Crees que a Elías le alegró tener un ayudante más joven?

237

Acab roba una viña

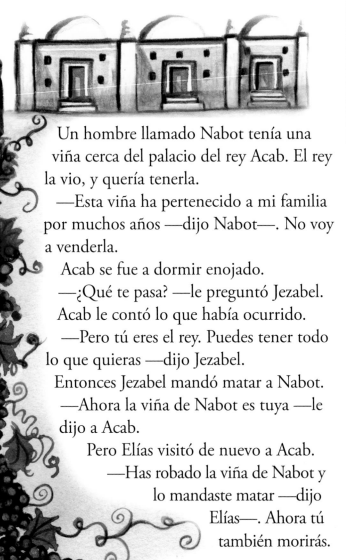

Elías dijo
a Acab:
«Siempre haces
lo que a Dios
no le agrada».

1 Reyes 21:20
TLA

Un hombre llamado Nabot tenía una
viña cerca del palacio del rey Acab. El rey
la vio, y quería tenerla.

—Esta viña ha pertenecido a mi familia
por muchos años —dijo Nabot—. No voy
a venderla.

Acab se fue a dormir enojado.

—¿Qué te pasa? —le preguntó Jezabel.

Acab le contó lo que había ocurrido.

—Pero tú eres el rey. Puedes tener todo
lo que quieras —dijo Jezabel.

Entonces Jezabel mandó matar a Nabot.

—Ahora la viña de Nabot es tuya —le
dijo a Acab.

Pero Elías visitó de nuevo a Acab.

—Has robado la viña de Nabot y
lo mandaste matar —dijo
Elías—. Ahora tú
también morirás.

¿Crees que
fue fácil para
Elías decirle
al rey que
Dios iba a
castigarlo?

Un carro de fuego

Un día, Elías y Eliseo caminaban juntos cuando, de repente, apareció un carro y caballos de fuego. Los caballos pasaron entre los dos hombres.

¡Zuuum! El carro de fuego se llevó a Elías al cielo. Eliseo miró, sorprendido, y Elías desapareció de su vista.

Al subir, el manto de Elías se desprendió y cayó al suelo. Eliseo recogió con cuidado el manto de Elías. ¡Ahora era suyo!

Eliseo siguió triste su camino.

Elías subió al cielo en medio de un torbellino.

2 Reyes 2:11

Debió ser aterrador ver acercarse un carro de fuego.

239

Agua buena

Unos hombres vinieron a ver al profeta Eliseo.

—Vivimos en la ciudad de Jericó —le dijeron—. El agua que bebemos allí nos enferma, y envenena nuestras cosechas.

—¡Tráiganme una taza de sal! —dijo Eliseo.

Le dieron la sal, y él la echó en el manantial de agua.

—¡Ahora la tierra producirá cosechas buenas y en abundancia! —dijo.

¡Y así fue!

Eliseo dijo: «Dios dice que ha purificado esta agua».

2 Reyes 2:21
TLA

Elías el profeta hizo muchos milagros

Aceite en abundancia

«¡Lo único que tengo es una jarra de aceite!».

2 Reyes 4:2
TLA

Un día, Eliseo se encontró con una mujer cuando pasaba por una aldea.

—¡Le debo a un hombre mucho dinero! —dijo la mujer—. Y lo único que tengo es esta pequeña vasija de aceite de oliva.

—Pide prestadas todas las vasijas vacías que puedas —le dijo Eliseo—. Llévalas a casa y vierte tu aceite en ellas.

La mujer recorrió toda la aldea y pidió prestadas vasijas de sus vecinos. En poco tiempo logró recoger muchas vasijas y las llevó todas a su casa.

La mujer empezó a verter en ellas el aceite de su propia vasija. ¡El aceite no se acababa nunca! En poco tiempo había llenado todos los recipientes que había en la casa. La mujer los llevó al mercado y vendió el aceite.

No tardó en conseguir el dinero para pagar todo lo que debía. Y aun tuvo suficiente para comprar comida para su familia.

Eliseo había hecho otro milagro con la ayuda de Dios.

Una habitación para Eliseo

Dios le dio a esta mujer bondadosa un hijo después de que ayudara a Eliseo.

Con frecuencia, Eliseo se detenía a cenar en la casa de una mujer rica.

—Este profeta es un verdadero hombre de Dios —dijo ella a su esposo—. Construyamos un pequeño cuarto para hospedarlo, en la azotea de nuestra casa.

—Ustedes han hecho tanto por mí —dijo un día Eliseo a la mujer—. Me gustaría hacer algo por ustedes a cambio.

—Gracias —respondió ella—. Pero en realidad no necesitamos nada.

—¿Se te ocurre algo que podamos hacer por ella? —preguntó Eliseo a su siervo Giezi.

—Esta mujer no tiene hijos —le dijo Giezi.

Entonces Eliseo le dijo a la mujer:

—Te prometo que dentro de un año tendrás un hijo.

Ella apenas podía creerlo. Pero al año siguiente tuvo un niño.

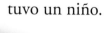

La enfermedad del general

Naamán era un general importante del ejército. Pero tenía una horrible enfermedad de la piel que se llama lepra.

La esposa de Naamán tenía una jovencita israelita como su criada.

—Me gustaría que mi amo pudiera conocer al profeta Eliseo —dijo la niña—. Estoy segura de que el Dios de Eliseo puede ayudarlo.

Naamán se enteró de esto.

—¿Quién es ese hombre Eliseo? —preguntó a la niña—. Y ¿cómo puedo encontrarlo?

Al poco tiempo Naamán partió en busca de Eliseo.

¿Crees que Eliseo ayudó al general?

«Ojalá el amo fuera a ver al profeta que hay en Samaria, porque él lo sanaría de su lepra».

2 Reyes 5:3

243

La cura de Eliseo

«¿*Acaso los ríos de Damasco, el Abaná y el Farfar, no son mejores que toda el agua de Israel?*».

2 Reyes 5:12

Eliseo vivía en una casa sencilla. Le sorprendió ver al orgulloso general en su puerta.

—Tengo una horrible enfermedad en la piel —explicó Naamán—. Mi criada ha dicho que puedes ayudarme.

—Anda y lávate en el río Jordán siete veces —le indicó Eliseo—. Después de eso quedarás completamente sano.

Naamán no estaba muy seguro de esto. Sonaba un poco tonto. El Jordán era un río sucio lleno de lodo. ¿Para qué le serviría lavarse con agua llena de barro?

—Amo, ¡haga nada más lo que le dice el profeta! —rogaron los siervos de Naamán.

Era una petición extraña, pero ¿hizo caso el general?

Piel sana

Naamán decidió hacer lo que Eliseo le había dicho. Fue al río Jordán a lavarse.

Naamán se sumergió en el río una vez, dos veces, tres veces… ¡Después de la séptima vez, la lepra había desaparecido! La piel de Naamán quedó tan limpia y suave como la de un bebé. El Dios de Eliseo lo había sanado.

Naamán fue a dar las gracias a Eliseo.

—Por favor, acepta estos regalos de oro y plata —dijo.

—No, yo nunca acepto pagos —dijo Eliseo—. Dios no me lo permite.

Luego Naamán dijo: «Ahora reconozco que no hay Dios en todo el mundo, sino sólo en Israel».

2 Reyes 5:15

¿Por qué crees que Dios no quería que le pagaran a Eliseo por sanar?

Ezequías limpia el templo

Ezequías oró así: «SEÑOR, Dios de Israel... sólo tú eres el Dios de todos los reinos de la tierra».

2 Reyes 19:15

Cuando Ezequías se convirtió en rey, el templo de Jerusalén no se había usado por muchos años. Ezequías quería abrirlo de nuevo.

—Por favor, limpien la casa de Dios —dijo a los sacerdotes.

—Todo está ordenado y listo para usarse —le dijeron al rey dieciséis días después.

Al día siguiente Ezequías fue al templo a adorar a Dios.

¡Qué felices estaban todos de volver a orar en el gran templo!

¿Por qué crees que el templo no se había usado?

Otra vez la Pascua

El SEÑOR los escuchó; su oración llegó hasta el cielo.

2 Crónicas 30:27

Durante muchos años, el pueblo de Dios no había celebrado la fiesta de la Pascua. Ahora el rey Ezequías quería volver a celebrarla. Invitó a su pueblo a venir a Jerusalén para celebrar la fiesta con él.

Por lo general, la Pascua tenía lugar en abril. Pero había tantos preparativos que el rey decidió celebrarla en mayo.

La Pascua duró siete días, y hubo canciones, música, y lectura de los libros de Moisés. ¡Las personas estaban tan felices que se quedaron una semana más!

¿Recuerdas por qué los judíos celebraban la Pascua?

Un niño rey

Si llegaras a ser rey, ¿qué harías?

Josías tenía solo ocho años cuando se convirtió en rey. Sin embargo, amaba a Dios y quería agradarle.

El pueblo de Israel no había cuidado del templo. Se estaba cayendo a pedazos. Así que Josías envió a sus trabajadores a reparar el templo de Dios. Los sacerdotes tocaron música y cantaron, mientras los hombres reparaban el templo.

Todos querían que la casa de Dios volviera a ser un lugar hermoso de adoración.

El descubrimiento de Josías

El sumo sacerdote también estaba trabajando en el templo. De repente, descubrió un viejo rollo. Se dio cuenta de que era una copia de las leyes que Dios había dado a Moisés.

—Mira, aquí está la ley de Moisés —dijo el sumo sacerdote al rey Josías—. Permíteme leerte un poco.

Josías escuchó con atención. Nunca antes había escuchado la ley. Ahora se daba cuenta de que su pueblo no había estado guardando las leyes de Dios. Se sintió muy mal por eso.

—Con razón hemos tenido tantos problemas —dijo Josías al sumo sacerdote—. Por favor, ora por nuestro país.

Y Josías se aseguró de que su pueblo siguiera las normas de Dios hasta el final de su reinado.

Mientras Josías vivió, no abandonaron al Señor, Dios de sus antepasados.

2 Crónicas 34:33

¿Cómo descubrió Josías las leyes de Dios para su pueblo?

El templo arde

Ahora venían tiempos muy terribles para el pueblo de Dios, los judíos. Los poderosos babilonios atacaron Jerusalén. Rodearon la ciudad, de modo que nadie podía traer comida para sus habitantes. El rey Sedequías trató de escapar, pero los babilonios lo capturaron.

Después de muchos meses, el ejército de Babilonia destruyó Jerusalén y quemó el hermoso templo. Derribaron los muros de la ciudad y mataron a muchos de sus habitantes. A los demás los llevaron a Babilonia para convertirlos en esclavos.

¿Crees que los judíos volvieron alguna vez a Jerusalén?

La dieta de Daniel

Después de la destrucción de Jerusalén, un joven llamado Daniel estaba entre los prisioneros llevados a Babilonia.

Allí, el gran rey Nabucodonosor escogió a Daniel y a sus tres mejores amigos Sadrac, Mesac y Abednego, para asistir a una escuela especial.

A los jóvenes se les dio la comida y el vino que se usaba para adorar a los dioses de Babilonia.

—Por favor, danos permiso para no comer esta comida —dijeron.

—Si ustedes se debilitan y enferman por no comer, el rey me castigará —dijo su maestro.

—Danos solo verduras y agua durante diez días —dijo Daniel—. Estaremos bien, ¡ya lo verás!

En poco tiempo, Daniel y sus amigos llegaron a ser los mejores estudiantes.

A estos cuatro jóvenes Dios los dotó de sabiduría e inteligencia.

Daniel 1:17

¿Por qué no quisieron Daniel y sus amigos comer la comida que les daban?

251

¡No nos inclinaremos!

El rey Nabucodonosor decidió construir una estatua gigantesca.

—Cuando toquen la música —declaró—, todos deben inclinarse ante la estatua. Quienes no lo hagan serán lanzados al horno de fuego.

Tocaron la música y todos se inclinaron ante la estatua. Pero Sadrac, Mesac y Abednego rehusaron inclinarse.

¡Estos tres hombres valientes estaban en peligro! ¿Los protegió Dios?

—¡Respétenme! —gritó el rey—. ¡A menos que quieran ser lanzados a las llamas!

—Oh rey, aun si nos lanzas al fuego, Dios nos protegerá —dijeron los jóvenes—. Nunca adoraremos a otro, sino solo a Dios. ¡No nos inclinaremos ante tu estatua!

¿Cuántos hombres?

—¡Calienten el horno siete veces más! —gritó el rey enojado—. ¡Y luego lancen a estos tres hombres a las llamas!

Los soldados obedecieron. Arrojaron a los tres hombres al horno.

Nabucodonosor observó con gran asombro.

—Lanzamos tres hombres al fuego —dijo—. ¡Y ahora veo a cuatro hombres entre las llamas! Y no parecen quemarse.

—¡Sadrac! ¡Mesac! ¡Abednego! —los llamó el rey—. ¡Salgan del fuego!

Los tres hombres salieron ilesos. Ni siquiera el cabello se les chamuscó.

—¡Adoremos al Dios de Sadrac, Mesac y Abednego! —dijo el rey.

Entonces exclamó Nabucodonosor: «¡Alabado sea el Dios de estos jóvenes!».

Daniel 3:28

Aun en el fuego, Dios estaba con ellos.

La mano misteriosa

Años después, Belsasar, el hijo de Nabucodonosor, se convirtió en rey de Babilonia. Una noche hizo una gran fiesta.

—Traigan todos los vasos de oro que tomamos del templo en Jerusalén —ordenó.

¡Entonces Belsasar bebió vino de las copas sagradas!

De repente, vio una mano misteriosa que escribía en un lenguaje extraño sobre la pared de su palacio. ¡Belsasar sintió mucho miedo!

—¡Traigan a Daniel! —dijo la reina—. Su Dios podrá explicarnos la escritura.

Daniel llegó rápido.

—Dios dice que no eres digno de gobernar —dijo Daniel—. Vendrán enemigos a conquistar tu reino.

Esa misma noche el ejército persa invadió Babilonia, y Belsasar fue asesinado.

¿Cómo te sentirías al ver una mano misteriosa escribiendo en la pared?

Un hombre intachable

Darío el Grande era el nuevo rey. Él escogió a Daniel como uno de sus consejeros más importantes.

Los otros consejeros del rey sentían envidia de Daniel. ¿Por qué el rey siempre lo escuchaba a él? Se esforzaron por encontrar alguna falta en Daniel, pero Daniel nunca hacía nada malo. El rey siempre podía confiar en él.

Cada mañana, a la hora del almuerzo, y en la noche, Daniel oraba al Dios vivo.

¿Qué hicieron los consejeros envidiosos?

Daniel demostró ser más capaz que los otros administradores y altos funcionarios.

Daniel 6:3 NTV

Una trampa para Daniel

*Daniel oraba
tres veces al día
dando gracias a
su Dios.*

Daniel 6:10

Los consejeros envidiosos tramaron un plan contra Daniel.

—¡Oh, rey Darío! —dijeron—. Solo tú eres sabio y poderoso. ¡Crea una nueva ley que prohíba orar a cualquier otro que no seas tú! Si alguien desobedece, que sea lanzado al foso de los leones.

—Escriban por mí esta nueva ley —dijo Darío a sus consejeros.

Luego se tocaron trompetas para anunciar la nueva ley por todo su reino: «¡No se puede orar a nadie, excepto al rey Darío!».

*¿Dejó de orar
Daniel?*

¡Una ley absurda!

«Según la ley de los medos y los persas, ningún decreto puede ser derogado».

Daniel 6:15

El rey había creado una ley absurda. Ahora tenía que cumplirla.

Los consejeros envidiosos se escondieron afuera de la casa de Daniel y vieron que se arrodillaba y oraba a Dios, tal como acostumbraba todos los días.

Fueron rápidamente a buscar al rey Darío.

—Daniel sigue orando a su Dios —murmuraron.

—¡Oh, no! —dijo el rey Darío—. Estaba en verdad angustiado, porque respetaba mucho a Daniel.

—Daniel debe ser arrojado al foso de los leones —exigieron los consejeros.

El necio rey tuvo que aceptarlo.

Dios salvó a
Daniel de una
muerte segura

En el foso

Los soldados de Darío lanzaron a Daniel al foso de los
leones. El rey no durmió esa noche. No podía dejar
de pensar en el pobre Daniel con los leones. Cuando
amaneció, Darío salió corriendo al foso.

—¡Daniel! —gritó—. ¿Estás bien?

Para su sorpresa, Daniel respondió:

—Estoy bien. ¡No tengo ni un solo rasguño!

Luego Daniel explicó:

—Dios envió a un ángel que cerró la boca de los leones.

—¡Saquen a Daniel de inmediato! —gritó Darío.

Cuando habían sacado a Daniel del foso,
Darío ordenó:

—¡Vayan y arresten a esos
malvados consejeros que le
tendieron una trampa a Daniel!
A partir de ahora, todos deben
respetar al Dios de Daniel.
Él es el Dios vivo, que salvó
a Daniel de los leones. Esta
es la ley de los medos y los
persas. ¡Y no puede ser
revocada!

Ester salva a su pueblo

Ester era una hermosa joven judía. Estaba casada con Jerjes, el gran rey de Persia.

Un día, Ester se enteró de que un hombre llamado Amán conspiraba para matar a todos los judíos.

Ester estaba muy preocupada, así que pensó en un plan. Invitó a Amán y al rey a un banquete. Durante la cena, Ester le dijo a su esposo:

—Amán está conspirando para acabar con mi pueblo.

El rey se enojó mucho y mandó arrestar a Amán.

Ester salvó así a su pueblo, los judíos.

Regreso a casa

Hacía setenta años que habían sacado al pueblo de Dios de Jerusalén. Ciro el Grande gobernaba en ese momento en Babilonia.

—Todo el que quiera regresar a Jerusalén es libre de hacerlo —anunció.

Alrededor de cincuenta mil personas decidieron regresar a Jerusalén. Ciro los envió con el oro y la plata que Nabucodonosor había robado del templo.

Cuando el pueblo llegó de vuelta a Jerusalén, empezaron a reconstruir el templo. Pero algunos ancianos decían:

—¡Nunca será tan hermoso como el templo que edificó Salomón!

Y todo el pueblo alabó con grandes aclamaciones al SEÑOR, porque se habían echado los cimientos del templo.

Esdras 3:11

¿Por qué los judíos querían reconstruir el templo?

Reconstrucción de Jerusalén

Un hombre judío llamado Nehemías era el copero del rey Ciro.

Nehemías le preguntó a algunos amigos que habían regresado de Jerusalén:

—¿Se han reconstruido los muros de la ciudad?

—El trabajo va muy lento, y los muros siguen en ruinas —le dijeron.

El rey notó que Nehemías se veía muy triste.

—¿Qué te pasa? —preguntó el rey.

—Su Majestad, estoy triste porque mi hermosa ciudad sigue en ruinas. ¿Puedo regresar y supervisar que la obra de reconstrucción se termine?

—Sí, puedes ir —dijo el rey.

«¿Cómo no he de estar triste, si la ciudad donde están los sepulcros de mis padres se halla en ruinas?».

Nehemías 2:3

Aunque era rey de otro país, Ciro quería ayudar a Nehemías a reconstruir el templo.

Muros frágiles

Nehemías hizo el largo viaje atravesando el desierto hasta llegar a Jerusalén.

Allí descubrió que algunos enemigos impedían que los judíos reconstruyeran su ciudad.

—Primero tenemos que edificar los muros —dijo Nehemías a los trabajadores—. De esa manera, podemos mantener fuera a los enemigos. Luego podemos hacer el resto de la obra. ¡Empecemos!

Todos se pusieron a trabajar. Pero sus enemigos se burlaban de ellos.

—¡Esos muros son tan frágiles que hasta una zorra podría derribarlos! —se burlaban.

¿Terminó Nehemías la obra?

«¡Hasta una zorra, si se sube a ese montón de piedras, lo echa abajo!».

Nehemías 4:3

263

*Todos los que
trabajaban en la
reconstrucción
llevaban la
espada en la
cintura.*

Nehemías 4:18

Trabajadores armados

El pueblo judío seguía trabajando. Ahora los enemigos empezaron a atacarlos.

—Lleven sus armas todo el tiempo —ordenó Nehemías a sus hombres.

La mitad de los judíos hacía guardia mientras los demás construían los muros. Todos llevaban una espada.

Al cabo de cincuenta y dos días de haber empezado el trabajo, ¡quedaron terminados los muros de Jerusalén!

Debió
ser difícil
construir un
muro bajo
el asecho
constante de
los enemigos.

¡Celebración!

Los judíos ya no eran prisioneros. Muchos habían
regresado a su propia tierra. Habían terminado de
reconstruir los muros de Jerusalén y habían acabado
el nuevo templo. También habían traído de regreso las
copas de oro y de plata, y otros tesoros que habían sido
robados del antiguo templo.

Ahora celebraban.

Entraron al nuevo templo reluciente, y dieron
gracias a Dios.

*¡Que tu
glorioso
nombre sea
alabado!...
¡Sólo tú eres el
Señor!*

Nehemías 9:5-6
NTV

¡Qué feliz
estaba el
pueblo de Dios
de regresar a su
propia tierra!

NUEVO
TESTAMENTO

«Tendrás
gozo y alegría,
y muchos se
regocijarán
por su
nacimiento».

Lucas 1:14

**¿Por qué no
creyó Zacarías
el mensaje del
ángel?**

Sin palabras

Zacarías era un sacerdote en el templo. Él y su esposa Elisabet ya eran muy ancianos, y no tenían hijos.

A Zacarías le correspondía el turno de ayudar en el templo. De repente, un ángel llamado Gabriel se le apareció.

—¡No temas, Zacarías! —dijo el ángel—. Tengo buenas noticias. ¡Tú y Elisabet van a tener un hijo! Debes llamarlo Juan. Él traerá al pueblo de vuelta a Dios.

Zacarías estaba muy sorprendido.

—¿Cómo es posible esto? —preguntó—. Mi esposa es demasiado anciana para tener un hijo.

—Puesto que no crees lo que Dios ha prometido —dijo Gabriel—, ¡no podrás hablar hasta que nazca el bebé!

Cuando Zacarías salió del templo, no podía hablar una palabra. Tenía que escribir todo lo que necesitaba decir. Pero tal como el ángel prometió, al poco tiempo Elisabet descubrió que esperaba un bebé.

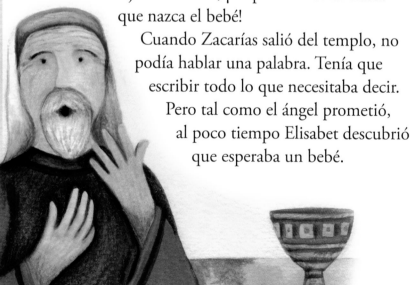

El visitante de María

La prima de Elisabet, una joven llamada María, vivía en la pequeña aldea de Nazaret. Un día, el ángel Gabriel también la visitó. María estaba muy sorprendida, y un poco asustada.

—¡María! —dijo el ángel—. No tienes que preocuparte. ¡Te traigo noticias maravillosas de tu Padre celestial! Vas a tener un bebé. Tienes que llamarlo Jesús. Dios lo envía para salvar el mundo.

María estaba perpleja.

—¿Cómo es posible? —preguntó—. Ni siquiera me he casado todavía.

—Dios hará que todo suceda —dijo Gabriel—. Para Dios no hay nada imposible.

—¡Haré lo que Dios quiera! —dijo María.

María respondió: «¡Le doy gracias al Señor con todo mi corazón!».

Lucas 1:46 TLA

¿Cómo crees que se sintió María cuando apareció el ángel?

«*Bendito sea el
Señor, Dios de
Israel, porque
ha venido a
redimir a su
pueblo*».

Lucas 1:68

Más adelante
veremos cómo
Juan preparó
el camino para
Jesús.

El nombre de un bebé

María decidió visitar a su prima Elisabet.

—En realidad eres muy bendecida —le dijo
Elisabet—, porque Dios te ha escogido.

Al cabo de unos meses nació el bebé de Elisabet.

—Llámalo Zacarías, como su padre —dijeron los
amigos.

—¡No! —exclamó Elisabet—. Tiene que llamarse
Juan.

¡En ese mismo instante Zacarías pudo volver a
hablar!

—Dios va a enviar a alguien que salvará el
mundo —dijo Zacarías—. Mi hijo
preparará el
camino para él.

José sueña

María amaba a un hombre bueno y amable llamado José, el carpintero del pueblo. Estaban comprometidos para casarse.

Poco después de la visita de Gabriel a María, José tuvo un sueño. En su sueño, un ángel le dijo:

—José, debes cuidar a María. Cuando llegue el bebé, debes llamarlo «Jesús».

Así que José y María se casaron de inmediato.

Cuando se acercaba el momento del nacimiento del bebé de María, los soldados dieron un aviso en Nazaret que decía: «Todos deben regresar al pueblo donde nacieron para registrar su nombre».

El ángel dijo: «Dará a luz un hijo, y le pondrás por nombre Jesús, porque él salvará a su pueblo de sus pecados».

Mateo 1:21

¿Sabes en qué pueblo había nacido José?

271

Un largo viaje

José y María tuvieron que viajar a Belén, el pueblo natal de José, a muchos kilómetros de allí.

Emprendieron el largo viaje. María montaba un pequeño burro, y José caminaba a su lado. María se sentía muy cansada.

Por fin llegaron a Belén. La ciudad estaba muy agitada. Muchas más personas habían venido al pueblo para registrar sus nombres.

—¿Cómo encontraremos un lugar donde quedarnos? —preguntó María.

—Trataremos de conseguir una habitación en una posada —respondió José.

José, que era descendiente del rey David... fue a Belén, la ciudad de David.

Lucas 2:4

¿Dónde se quedaron esa noche?

¡No hay lugar!

José encontró una posada y llamó a la puerta.

—¿Podemos hospedarnos en una habitación? —preguntó.

—Lo siento —dijo el posadero—. Todo está lleno. ¡No hay una sola cama disponible en todo el pueblo!

Entonces notó la cara de desilusión de María.

—Pero tengo un pequeño establo donde duermen los animales —añadió—. Pueden dormir allí. Me temo que es lo mejor que puedo ofrecerles.

Los cansados viajeros decidieron pasar allí la noche, en el humilde establo.

Mientras estaban allí, llegó el momento para que naciera el bebé.

Lucas 2:6 NTV

Parecía un lugar extraño para el nacimiento de un bebé tan especial.

273

Un bebé nace

Allí en el establo, entre burros y vacas, nació el precioso hijo de María.

María lo miró con amor y lo envolvió cuidadosamente con un pedazo largo de tela, para mantenerlo abrigado.

—José, no tenemos una cuna para nuestro bebé —dijo María.

José puso paja limpia en el pesebre donde comían los animales.

—He preparado una pequeña cuna para el bebé Jesús —dijo.

José puso al bebé con cuidado en el pesebre.

Jesús se quedó dormido sobre la paja.

Lo envolvió en pañales y lo acostó en un pesebre, porque no había lugar para ellos en la posada.

Lucas 2:7

El Hijo de Dios nació en un establo prestado.

El mensaje del ángel

¡El Mesías ha
nacido hoy en
Belén, la ciudad
de David!

Lucas 2:11 NTV

*¿Quiénes
fueron los
primeros en
enterarse del
nacimiento de
Jesús?*

Estaba oscuro en las afueras de Belén. Sin embargo, los pastores seguían despiertos para mantener a sus ovejas a salvo.

De repente, una luz muy intensa y brillante resplandeció desde el cielo.

Los pastores se asustaron.

—¡No tengan miedo! —dijo el ángel—. ¡Tengo buenas noticias que traerán gozo a todo el mundo!

Los pastores escucharon llenos de asombro.

La búsqueda de los pastores

De repente, una multitud de ángeles llenó el cielo y cantaba: «¡Gloria a Dios en lo alto, y paz a su pueblo en la tierra!».

La luz se desvaneció, y la noche quedó en silencio otra vez.

—¡Increíble! ¡Hemos visto ángeles! —dijo un pastor—. Un rey ha nacido. ¡Esta noche, aquí en Belén! ¡Veamos si podemos encontrarlo!

Salieron corriendo hacia Belén para buscar al bebé rey, dejando a sus ovejas en el campo.

Encontrarán a un niño envuelto en pañales y acostado en un pesebre.

Lucas 2:12

¿Crees que los pastores se asustaron o se emocionaron con el mensaje del ángel?

En el establo

Los pastores no tardaron en descubrir el pequeño establo. Se asomaron y vieron allí a María, a José y al bebé Jesús acostado en un pesebre.

Todos se juntaron para ver al bebé. Luego los pastores se arrodillaron.

Con gran emoción explicaron a María y José lo que el ángel les había dicho.

Al darse cuenta de que María estaba muy cansada, los pastores salieron y regresaron a cuidar a sus ovejas.

María siguió pensando en todo lo que ellos habían dicho.

*¿Qué crees
que contaron
los pastores
a sus amigos
acerca de esta
noche?*

Un anciano feliz

María y José fueron a Jerusalén para llevar al bebé Jesús al templo de Dios. Allí se encontraron con un anciano llamado Simeón.

Dios había prometido a Simeón: «No morirás antes de ver al bebé que salvará al mundo».

Tan pronto como Simeón vio al bebé Jesús, supo que era el cumplimiento de la promesa de Dios.

Simeón tomó al pequeño Jesús en sus brazos.

—Ahora puedo morir en paz, Señor —dijo—. Has cumplido la promesa que me hiciste.

Una anciana llamada Ana también estaba en el templo. Ella sabía que Jesús era Aquel a quien esperaban. A toda prisa se puso a contar a todas las personas que encontraba:

—¡El Salvador prometido ha nacido!

Simeón dijo: «Con mis propios ojos he visto al Salvador».

Lucas 2:30
TLA

Ana y Simeón habían esperado mucho tiempo para ver al bebé que salvaría al mundo.

279

Una nueva estrella

En esa época,
unos sabios de
oriente llegaron
a Jerusalén y
preguntaron:
«¿Dónde está
el niño que
nació para ser
el rey de los
judíos?».

Mateo 2:1-2
TLA

**¿Qué sabía
Herodes
acerca del
nuevo rey?**

Lejos, en el oriente, vivían unos hombres muy sabios que estudiaban las estrellas.

Una noche, muy tarde, uno de ellos exclamó:

—¡Nunca antes había visto esa estrella!

—Es una señal especial —dijo otro—. Eso significa que un nuevo rey ha nacido.

—Entonces debemos seguir esta estrella y encontrarlo —acordaron todos.

Así que los sabios emprendieron un largo viaje para seguir la nueva estrella especial. Cruzaron desiertos, montañas y valles, y al fin llegaron a Jerusalén, al palacio del rey Herodes.

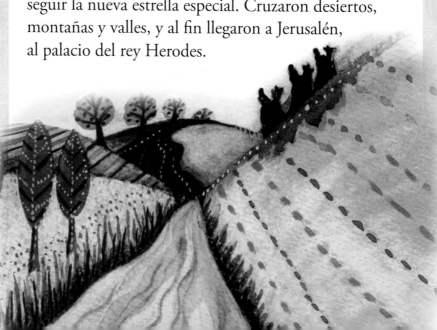

Un nuevo rey

—¿Dónde podemos encontrar al nuevo rey que
ha nacido? —preguntaron los sabios a Herodes—.
Hemos visto su estrella en el oriente y hemos venido a
adorarlo.

Cuando el rey Herodes oyó esto, se enojó mucho.

Yo soy el rey —pensó—. *¡No quiero que otro rey me
quite mi corona!*

Entonces Herodes mandó llamar a sus consejeros.

—¿Saben algo acerca del nuevo rey? —les
preguntó—. Y si es así, ¿dónde nacerá?

Los consejeros se fueron de prisa.

—Nuestros libros sagrados dicen
que un nuevo rey nacerá en
Belén —le dijeron
cuando regresaron.

*De Belén saldrá
un gobernante
que será el
pastor de mi
pueblo Israel.*

Mateo 2:6
NTV

*¿Le alegró a
Herodes la
noticia del
nacimiento
de Jesús?*

Historia 259

La mentira de Herodes

Cuando lo oyó
el rey Herodes,
se turbó, y
toda Jerusalén
con él.

Mateo 2:3

El rey Herodes llamó de nuevo a los sabios.

—¡Vayan y busquen a este niño! —les dijo Herodes—. Cuando lo encuentren, vengan y díganme dónde está. Me gustaría mucho ir también y adorarlo.

Pero Herodes estaba mintiendo. En realidad quería hacerle daño al bebé tan pronto lo encontrara. ¡No quería que nadie más se proclamara rey!

¿Lastimó Herodes al bebé Jesús?

Regalos finos

Una vez más, la estrella guió a los hombres sabios. Iba delante de ellos hasta que se detuvo sobre la casa en Belén donde estaba Jesús.

Dentro de la casa, encontraron al pequeño Jesús con María su madre. Cuando los sabios vieron a Jesús, se arrodillaron delante de él.

Le habían traído regalos muy costosos: oro y finos perfumes, llamados incienso y mirra. Entregaron los regalos al niño.

¡Qué felices se pusieron los sabios al ver la estrella!

Mateo 2:10

TLA

Los sabios dieron a Jesús regalos dignos de un rey.

283

*Regresaron a su
tierra por otro
camino.*

Mateo 2:12

Dios protegió
al bebé Jesús.

Una ruta diferente

Esa misma noche Dios advirtió a
los sabios en un sueño.

—¡No vuelvan al rey Herodes!
—les dijo un ángel—. Él quiere
lastimar al bebé.

Así que los hombres sabios
regresaron a casa por otro
camino.

¡Huida a Egipto!

Después de que los sabios se fueron, José también tuvo un sueño.

—¡Levántate de inmediato! —le dijo un ángel—. Toma al niño y a su madre y huye a Egipto. Herodes busca al niño. Quiere hacerle daño a Jesús.

Luego el ángel añadió:

—Quédate en Egipto hasta que yo te diga que es seguro volver a tu casa en Nazaret.

José despertó a María y salieron hacia Egipto, llevando al niño Jesús.

Cuando Herodes se dio cuenta de que los sabios se habían burlado de él, se enfureció.

Mateo 2:16

José obedeció a Dios y llevó a Jesús y a María a un lugar seguro.

El niño crecía
y se fortalecía;
progresaba en
sabiduría, y la
gracia de Dios
lo acompañaba.

Lucas 2:40

Jesús aprendió
a leer los libros
de la ley que
había escrito
Moisés.

Jesús crece

Después de la muerte del rey Herodes, José tuvo otro sueño.

—Ya puedes regresar a casa —le dijo Dios.

Emprendieron el largo viaje de regreso a Nazaret, donde María y José habían vivido antes de que Jesús naciera.

Jesús creció con María y José en Nazaret. José trabajó como carpintero, y Jesús le ayudaba en su taller con el serrucho y el martillo.

Cuando ya era mayor, Jesús empezó a ir a la escuela. Escuchaba con atención las lecciones y recordaba todo lo que le enseñaban. ¡Qué orgullosa se sentía su madre María!

Jesús visita Jerusalén

Una vez al año, el pueblo judío celebraba la gran fiesta de la Pascua. Les encantaba ir a Jerusalén, donde se encontraba el gran templo.

Cuando Jesús tenía doce años, María dijo:

—Este año puedes venir con nosotros. Has aprendido la ley de Dios. Es hora de que vengas al templo.

Era un viaje emocionante, sobre las montañas de Jerusalén. Al acercarse a la ciudad, podían ver el templo que brillaba en el sol.

Los padres de Jesús subían todos los años a Jerusalén para la fiesta de la Pascua.

Lucas 2:41

Mira la página 129 para recordar la cena de Pascua.

En la casa de Dios

Jesús se había
quedado en
Jerusalén, sin
que sus padres
se dieran
cuenta.

Lucas 2:43

Cuando llegaron, María, José y Jesús fueron al templo a orar y adorar.

Esta es la casa de Dios, mi Padre celestial —pensó Jesús.

En el templo conoció a hombres sabios y a sacerdotes.

Terminada la fiesta, María y José emprendieron el largo camino de regreso a Nazaret. Pero, María no había visto a Jesús en todo el día. Parecía que nadie había visto a Jesús desde que habían salido de Jerusalén. María y José se preocuparon mucho.

—Tenemos que regresar —declaró José.

Así que volvieron a Jerusalén, pero seguían sin encontrar a Jesús.

¿Dónde podrían María y José haber buscado a Jesús?

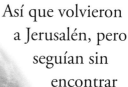

María encuentra a Jesús

Al final, María dijo:

—Solo queda un lugar donde podemos buscar a Jesús: el templo.

Justó allí, como había pensado María, encontraron a Jesús.

Jesús había encontrado de nuevo a los sacerdotes y los sabios. Había estado haciéndoles preguntas. Los ancianos estaban asombrados de todo lo que este niño sabía acerca de la ley de Dios.

—Te hemos buscado por todas partes —dijo María—. Estábamos muy preocupados.

—Tenía que venir a la casa de mi Padre para aprender aquello que necesito conocer —dijo Jesús.

Esta vez Jesús partió con María y José de vuelta a casa.

El primo Juan

Así está escrito en el libro del profeta Isaías: «Voz de uno que grita en el desierto: Preparen el camino del Señor».

Lucas 3:4

Cuando Juan nació, un ángel le dijo a sus padres que él haría volver a su pueblo a Dios.

Juan, el primo de Jesús, era diferente de los otros hombres. Vivía en el desierto. Se ponía ropa hecha de pelo de camello. Comía alimentos que encontraba en el desierto, como miel silvestre y langostas, que eran como saltamontes. Dios le había encomendado a Juan un trabajo especial.

Juan le dijo al pueblo:

—Ustedes han hecho muchas cosas malas. No viven como Dios quiere que vivan. Cambien y empiecen a hacer lo bueno.

La gente le preguntaba:

—¿Cómo podemos empezar de nuevo?

—¿Tienen dos camisas? —respondió Juan—. Si es así, ¡compartan una con el que no tiene ninguna!

Juan el Bautista

Grandes multitudes de gente venían a escuchar a Juan.

—Dios quiere perdonarlos por lo que han hecho mal —les decía Juan—. ¡Bautícense! De esa manera pueden volver a comenzar.

Muchas personas se arrepentían de las cosas malas que habían hecho. Juan los bautizaba en el río Jordán. Los sumergía en el agua. Cuando salían, sentían como si hubieran vuelto a nacer.

La gente lo llamaba «Juan el Bautista».

Y con muchas otras palabras exhortaba Juan a la gente y le anunciaba las buenas nuevas.

Lucas 3:18

¿Por qué vienen tantas personas a escuchar a Juan?

En seguida, al subir del agua, Jesús vio que el cielo se abría y que el Espíritu bajaba sobre él como una paloma.

Marcos 1:10

¿Quién habló después de que se bautizó Jesús?

Jesús se bautiza

Algunas personas vinieron y le preguntaron a Juan:

—¿Eres la persona que Dios envió para salvarnos?

—Alguien mucho más importante que yo va a venir —dijo Juan—. ¡Yo ni siquiera soy digno de desatar sus sandalias!

Más adelante, Jesús vino a donde estaba Juan.

—Por favor, bautízame —dijo Jesús.

—Pero Jesús, tú deberías bautizarme a mí —dijo Juan—. ¡Yo no debería bautizarte a ti!

—¡Es lo que Dios quiere! —respondió Jesús.

Juan estuvo de acuerdo. Sumergió a Jesús en el río Jordán. Cuando Jesús salió del agua, se oyó una voz del cielo que dijo: «Este es mi Hijo amado. ¡Estoy muy contento con él!».

Jesús en el desierto

Después de que Jesús se bautizó, fue al desierto. Durante cuarenta días y cuarenta noches no comió nada. Luego el diablo lo visitó.

—Si en verdad eres el Hijo de Dios, convierte estas piedras en pan —dijo el diablo.

Jesús respondió:

—La Biblia dice que no vivimos solo para comer pan. Vivimos para obedecer cada palabra que Dios nos habla.

Luego el Espíritu llevó a Jesús al desierto para que el diablo lo sometiera a tentación.

Mateo 4:1

Jesús estaba cansado y tenía hambre cuando el diablo vino a probarlo.

Otra prueba

Después de esto, el diablo llevó
a Jesús al punto más alto del
templo de Jerusalén.

—¡Salta desde aquí! —dijo el
diablo—. Eso demostrará a todos
que tú eres el Hijo de Dios. La
Biblia dice que los ángeles de Dios no
permitirán que te hagas daño.

Jesús respondió:

—¡Pero la Biblia también dice que no debemos
poner pruebas absurdas a Dios!

¿Dejó el diablo en paz a Jesús?

¡Vete de aquí!

El diablo hizo un tercer intento.

Llevó a Jesús a una montaña muy alta. Desde la cima se podían ver todos los reinos del mundo.

—Te daré poder sobre cada uno de estos reinos, si te arrodillas y me adoras —dijo el diablo.

Jesús dijo:

—¡Vete de aquí, Satanás!

Por fin el diablo se dio por vencido y se fue.

¿Te ha tentado el diablo a hacer cosas malas?

Jesús sana

En la mayoría de las ciudades, los judíos tenían un lugar especial para orar. Ese lugar se llamaba «sinagoga».

En una ocasión, la gente de Capernaúm le pidió a Jesús que hablara en su sinagoga. Al terminar, un pescador llamado Simón llevó a Jesús a su casa.

La suegra de Simón no se sentía muy bien. Jesús se acercó a su cama y echó fuera la enfermedad. De inmediato se sintió mejor, se levantó y preparó una comida para Jesús y sus amigos.

Esa noche, muchos otros enfermos se acercaron y le pidieron a Jesús que los sanara. Él los ayudó a todos.

Cualquiera que fuera la enfermedad, el toque de su mano los sanaba a todos.

Lucas 4:40
NTV

Jesús estaba siempre dispuesto a ayudar a otros.

Jesús escoge a sus amigos

Un día, Jesús estaba de pie junto al lago de Galilea. Una multitud se acercó para escuchar sus maravillosas historias.

Jesús vio dos barcos de pesca en la playa. Los pescadores estaban lavando sus redes.

Jesús se subió al barco que pertenecía a Simón.

—Aleja un poco el barco de la orilla —le pidió Jesús.

Luego Jesús habló a la multitud desde el barco.

Pero Jesús les dijo: «Es preciso que anuncie también a los demás pueblos las buenas nuevas del reino de Dios, porque para esto fui enviado».

Lucas 4:43

¿Les ayudó también a pescar?

Muchos peces

Cuando terminó de enseñar, Jesús dijo a Simón:

—Lleva el barco a aguas más profundas. Luego lanza tus redes para que puedas pescar grandes cantidades de peces.

—Pero Maestro —respondió Simón—, hemos trabajado mucho toda la noche, y no hemos pescado un solo pez. Pero si tú lo dices, volveré a lanzar las redes.

Esta vez las redes de los pescadores se llenaron rápidamente de tantos peces que empezaron a romperse. Los hombres llamaron a sus amigos que estaban en otro barco para que les ayudaran.

En poco tiempo los dos barcos estaban tan repletos que casi se hunden.

Pedro y todos sus compañeros estaban asombrados ante la pesca que habían hecho.

Lucas 5:9

Jesús hizo muchos milagros con la naturaleza.

Pescadores de hombres

«Desde ahora
serás pescador
de hombres»,
le dijo Jesús a
Simón.

Lucas 5:10

Simón, su hermano Andrés, y sus amigos pescadores, los mellizos Santiago y Juan, estaban maravillados de ver tantos peces.

Simón corrió y se arrodilló delante de Jesús.

—¡Apártate de mí, Señor! Soy un pecador —dijo Simón.

—¡No temas! —le dijo Jesús—. De ahora en adelante tú pescarás hombres.

Así que los pescadores llevaron sus barcos a la playa, lo dejaron todo, y siguieron a Jesús.

Se convirtieron en los primeros amigos especiales de Jesús: los «discípulos».

A veces a los discípulos de Jesús se les llama sus «apóstoles»

Un recaudador de impuestos

A la gente no les gustaban los recaudadores de impuestos. Engañaban a la gente y se llevaban demasiado dinero.

Un día, Jesús vio a un recaudador llamado Mateo, que trabajaba en su escritorio.

—¡Sígueme! —le dijo.

De inmediato Mateo se levantó, dejó su trabajo y su dinero, y siguió a Jesús. Se convirtió en uno de los discípulos de Jesús.

Los doce discípulos eran Pedro (el nuevo nombre que dio Jesús a Simón), Andrés (hermano de Pedro), Santiago y su hermano Juan, Felipe, Bartolomeo, Tomás, Mateo, otro hombre llamado Santiago, Tadeo, Simón, y Judas Iscariote.

«No he venido a llamar a justos sino a pecadores».

Lucas 5:32

Jesús escogió a doce discípulos, así como había doce tribus en Israel.

Vino para una boda

Un día, un hombre invitó a Jesús a su boda en la ciudad de Caná. María, la madre de Jesús, también asistió, y también los discípulos.

Todos comían y bebían. Al poco tiempo se había terminado todo el vino. ¿Ahora qué podían beber?

—Llenen con agua esas seis jarras grandes —dijo Jesús.

Los hombres obedecieron. De inmediato, el agua se convirtió en vino.

—¡Este es el mejor vino que jamás hayamos probado! —exclamaron todos.

¡Jesús se aseguró de que la fiesta de bodas fuera un éxito!

A Jesús le gustaba comer con sus amigos.

Nacer de nuevo

Un hombre llamado Nicodemo visitó a Jesús en secreto, tarde en la noche.

—Maestro, creo que tú has venido de Dios —dijo Nicodemo.

—Si quieres entrar en el reino de Dios —respondió Jesús—, debes nacer de nuevo.

—¿Cómo puede un adulto volver a nacer? —preguntó Nicodemo.

—Es otra clase de nacimiento —explicó Jesús—. Es como nacer a una nueva vida.

—Por favor, explícamelo —dijo Nicodemo.

Jesús dijo:

—Dios amó tanto al mundo que dio a su único Hijo para que todo el que crea en él no muera, sino que viva para siempre.

«Para que todo el que crea en él tenga vida eterna».

Juan 3:15

¿Por qué crees que Nicodemo visitó a Jesús en secreto?

303

Agua viva

La gente de Samaria se llamaban «samaritanos». Los judíos y los samaritanos no se llevaban bien.

Jesús se sentía cansado. Se sentó a descansar junto a un pozo en Samaria, cuando se acercó una mujer con su jarra.

—Por favor, dame algo de beber —dijo Jesús.

Ella se sorprendió mucho.

—Ustedes los judíos no hablan, por lo general, con nosotros los samaritanos —dijo ella.

—Si supieras quién soy —dijo Jesús—, ¡me pedirías agua viva!

—¿Agua viva? —repitió ella—. ¿Qué es eso? ¡Ni siquiera tienes un balde! ¿Cómo puedes darme agua?

—El agua del pozo te deja sedienta —respondió Jesús—, pero el agua que yo doy dura para siempre.

—Entonces dame de esa agua —dijo ella.

La mujer se maravilló de lo que Jesús decía. Llamó a sus amigos y los invitó a venir y conocerlo también.

Un niño sanado

Un oficial de Capernaúm le rogó a Jesús que lo ayudara.

—Mi hijo está muy enfermo. Creo que podría morir —dijo—. ¡Te ruego que vengas y lo sanes antes de que sea demasiado tarde!

—Vuelve a casa —dijo Jesús—. ¡Tu hijo ha sido sanado!

El hombre creyó a Jesús y emprendió su regreso a casa. Cuando ya estaba cerca, los sirvientes vinieron rápido a su encuentro.

—¡Tenemos buenas noticias! —dijeron sonriendo—. ¡Tu hijo se ha recuperado!

El feliz padre preguntó:

—¿Cuándo empezó a sentirse mejor?

—Hacia la una de la tarde de ayer —dijeron.

¡Esa era la hora exacta cuando Jesús le dijo que su hijo se había sanado!

Y tanto él como todos los de su casa creyeron en Jesús.

Juan 4:53
NTV

Este oficial realmente creía que Jesús podía ayudarlo.

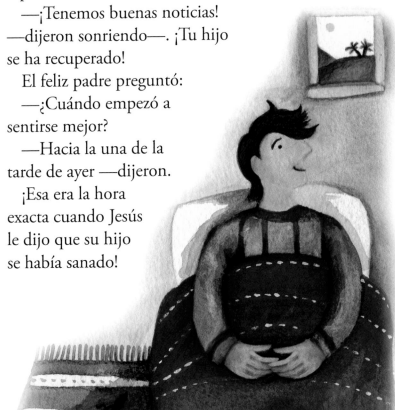

¡Imagina que alguien hiciera un hueco en el techo de tu casa y bajara por ahí a una persona enferma!

¡Por el techo!

Un hombre que no podía caminar quería que Jesús lo sanara. Así que cuatro amigos lo llevaron en una camilla a la casa donde Jesús estaba enseñando.

Cuando vieron la gran multitud allí, levantaron la camilla hasta el techo plano de la casa. Luego, hicieron un agujero en el techo y bajaron la camilla justo delante de Jesús.

¡De pie!

—Perdono tus pecados —dijo Jesús al hombre.

—¿Quién se cree que es? Solo Dios puede perdonar pecados —dijeron algunos líderes religiosos.

—¿Qué es más difícil, perdonar pecados o sanar la enfermedad? —preguntó Jesús—. ¡Yo puedo hacer ambas cosas!

Luego Jesús dijo al hombre:

—¡Levántate! Ya estás sano.

El hombre saltó, recogió su camilla y se fue de prisa a casa.

Todos quedaron asombrados y ellos también alababan a Dios.

Lucas 5:26

¿Crees que los amigos de este hombre creían que Jesús podía sanarlo?

El camino de Jesús

Jesús iba con frecuencia a las montañas alrededor del lago de Galilea. Un día lo seguía una multitud para escuchar sus enseñanzas y sus historias. Jesús habló acerca de todo lo bueno que Dios nos da.

—Dios bendice a aquellos que confían solo en Él. Dios bendice a los que son humildes. Felices los que quieren hacer lo que Dios quiere. Perdonen a otros y serán perdonados. Aquellos que trabajan por la paz serán llamados hijos de Dios. Alégrense, porque recibirán una gran recompensa en el cielo.

Algunas personas llaman a estos dichos de Jesús «el Sermón del monte».

Protección contra la corrupción

Muchas veces, Jesús usaba elementos cotidianos para que las personas entendieran más fácilmente sus enseñanzas.

—Ustedes son como la sal que se pone en la comida para impedir que se dañe —dijo— Ustedes evitan que el mundo se dañe por completo. Dios dice: «No matarás». Pero también está mal enojarse tanto que se quiera matar a alguien. Dios dice: «Ama a tus enemigos y sé bondadoso con los que te hacen daño».

Hagan brillar su luz delante de todos, para que ellos puedan ver las buenas obras de ustedes y alaben al Padre que está en el cielo.

Mateo 5:16

Jesús quería mostrarnos cómo vivir una vida mejor.

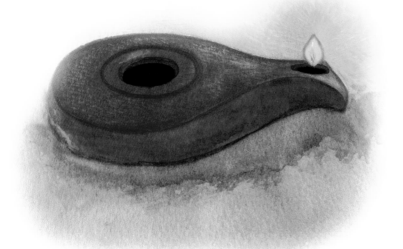

Cómo orar

«Y al orar, no
hablen sólo
por hablar
como hacen los
gentiles».

Mateo 6:7

Uno de los amigos de Jesús le preguntó:

—Señor, ¿cómo debemos orar?

Así que Jesús les enseñó a orar.

—Cuando oren a Dios, vayan a un lugar a solas. Él sabe lo que ustedes necesitan. Deben orar de la siguiente manera:

Esta oración
suele llamarse
«el Padre
nuestro».

«Padre nuestro que estás en el cielo,
que se honre tu nombre;
que tu reino venga,
que tu voluntad se haga en la tierra
como se hace en el cielo.
Danos hoy la comida que necesitamos.
Perdona las ofensas que hemos
cometido,
así como nosotros perdonamos las
ofensas
que otros nos han hecho.
No nos dejes caer en la tentación,
sino protégenos del mal».

Basado en Mateo 6:9-13

Jesús envía a su equipo

Jesús envió a sus doce discípulos a enseñar y a predicar. Les dio el poder para sanar a los enfermos. ¡Incluso podían devolver la vida a quienes habían muerto!

Jesús les dijo:

—No todos los recibirán con agrado. No lleven consigo dinero, comida o ropa adicional, o zapatos. Dios alimenta a los pájaros, y ustedes son mucho más importantes que los pájaros. Así que pueden estar seguros de que Dios les dará todo lo que necesitan.

¿Crees que a todos les alegraba ver a los discípulos? ¿Por qué?

Los apóstoles partieron y fueron por todas partes de pueblo en pueblo, predicando el evangelio y sanando a la gente.

Lucas 9:6

Dos edificadores

Jesús contó esta historia.

Una vez, dos hombres decidieron construir cada uno su propia casa.

El primer hombre encontró un lugar arenoso con un arroyo muy cerca.

¡Este es un buen lugar para mi casa! —dijo el hombre.

Así que empezó a construir su casa sobre la arena. La terminó muy rápido.

El segundo hombre buscó el mejor lugar para su casa. Encontró una roca firme y empezó a construir. Los muros iban quedando más y más altos, hasta que al fin terminó.

«¿Por qué me llaman ustedes "Señor, Señor", y no hacen lo que les digo?».

Lucas 6:46

¿Qué pasó con las dos casas?

312

¡Colapso!

Al poco tiempo aparecieron nubes oscuras. Cayó la lluvia, soplaron los vientos, hubo relámpagos y se oyó el rugido de los truenos.

¡CRRRAASHH! ¡La casa del primer hombre se derrumbó! ¡El hombre que construyó sobre la arena lo perdió todo!

Sin embargo, a pesar de la lluvia, la segunda casa permaneció firme sobre la roca.

«El que oye mis palabras y no las pone en práctica se parece a un hombre que construyó una casa sobre tierra y sin cimientos».

Lucas 6:49

¿Cómo crees que se sintió el hombre que construyó sobre la arena?

Riquezas

Esta es otra historia que contó Jesús.

Un granjero cosechó tanto en un año que se volvió muy rico. Sus graneros estaban repletos, así que construyó unos más grandes. ¡El granjero pensó que tenía tanto dinero que nunca más tendría que preocuparse por nada!

Pero Dios le advirtió: «Eres un necio! Esta noche morirás, y ¿qué pasará entonces con todo tu dinero?».

Jesús les explicó el significado: «No desperdicien su tiempo preocupándose por el dinero, la ropa o la comida. Los pájaros no siembran cosechas ni construyen graneros, y aun así Dios provee el alimento que necesitan. ¿No son ustedes más valiosos para Dios que los pájaros?».

«¡Tengan cuidado con toda clase de avaricia!».

Lucas 12:15
NTV

A veces la gente dice que «las personas son más importantes que las cosas».

La historia del sembrador

Jesús contó muchas historias que nos enseñan una lección. Esta es una de ellas.

Un granjero salió a sembrar. Algunas semillas cayeron en el camino, pero las personas las pisaron y los pájaros se las comieron.

Algunas cayeron en un terreno lleno de rocas. Empezaron a crecer, pero no había suficiente tierra para alimentar las raíces y los pequeños brotes verdes murieron.

Algunas cayeron entre las malezas, las cuales eran tan fuertes que los brotes murieron.

Algunas cayeron en buena tierra llena de nutrientes. Allí crecieron grandes y fuertes. En la temporada de la cosecha, ¡el granjero recogió cien veces más de lo que había sembrado!

«El que tenga oídos para oír, que oiga», añadió Jesús.

Marcos 4:9

Las historias que Jesús usaba para enseñar lecciones se llaman «parábolas».

315

Buen fruto

Los discípulos preguntaron a Jesús qué significaba la historia sobre el granjero que sembraba las semillas.

—Las semillas son las palabras de Dios —explicó Jesús—. Algunos mensajes de Dios llegan a corazones duros, y el diablo se los roba. Algunos mensajes de Dios llegan a corazones superficiales. La gente cree por un rato, pero luego pierden interés. Los corazones de algunas personas son como un campo de malezas, llenos de otras cosas que desplazan la verdad de Dios. Pero algunas personas son como tierra fértil. Escuchan y creen las palabras de Dios. ¡El mensaje crece y produce buenos frutos!

«El sembrador siembra la palabra».

Marcos 4:14

Después de contar una parábola, Jesús acostumbraba explicarla a sus discípulos.

Dormido en una barca

Jesús estaba con sus discípulos junto al lago de Galilea. Allí les había contado algunas historias maravillosas. Muchas personas habían venido a escucharlo.

Cuando llegó la tarde, Jesús dijo a sus amigos:

—Crucemos al otro lado del lago.

Así que Jesús y sus discípulos se despidieron de la multitud y se subieron a la barca. Navegaron hacia el otro lado del lago.

Jesús estaba muy cansado. Puso su cabeza sobre una almohada y se quedó dormido.

De repente, un fuerte viento sopló desde las montañas. La pequeña barca quedó atrapada en una terrible tormenta.

Se desató entonces una fuerte tormenta, y las olas azotaban la barca.

Marcos 4:37

¿Se volcó la barca a causa del mal tiempo?

Jesús calma la tormenta

Caía un terrible aguacero. Las olas azotaban la barca de un lado a otro. Los discípulos estaban realmente asustados. Pero Jesús dormía tranquilamente.

Los discípulos lo despertaron.

—¡Maestro! —gritaron—. Haz algo para salvarnos, ¡Nos vamos a ahogar todos!

Jesús se puso de pie.

—¡Silencio! ¡Cálmense! —dijo con firmeza al viento y a las olas.

En ese momento, el viento dejó de soplar y las olas se calmaron. Todo quedó tranquilo otra vez.

—¿Por qué estaban tan asustados? —preguntó Jesús—. Yo estoy con ustedes. Siempre pueden confiar en mí.

Una niña enferma

Un hombre llamado Jairo vivía junto al lago de Galilea. Un día, su niña se despertó sintiéndose muy enferma.

Jairo estaba preocupado. Él sabía que Jesús podía sanar, así que salió a buscarlo.

—Te ruego que vengas a ver a mi niña —pidió Jairo.

—Iré de inmediato —dijo Jesús.

Jairo, arrojándose a los pies de Jesús, le suplicaba que fuera a su casa.

Lucas 8:41

Jairo estaba a cargo de la sinagoga de Capernaúm.

Malas noticias

Jairo y Jesús salieron juntos. Pero Jairo vio que un hombre se abría camino entre la multitud.

—Ya no molesten a Jesús —dijo el mensajero—. Tu hija ha muerto.

—¡No temas! —le dijo Jesús a Jairo—. Solo cree en mí.

Jesús acompañó a Jairo y entró en su casa con sus amigos cercanos: Santiago, Pedro y Juan.

Jesús le dijo a Jairo: «No tengas miedo; cree nada más, y ella será sanada».

Lucas 8:50

¿Pudo Jesús ayudar a la hija de Jairo?

Los padres
se quedaron
atónitos.

Lucas 8:56

Jesús dijo a
Jairo y a su
esposa que
tuvieran fe en
que su hija se
sanaría.

¡Despierta!

Tan pronto entraron en la casa, oyeron llantos y lamentos.

—Por favor, salgan —dijo Jesús a la gente que hacía ruido—. La niña no está muerta, sino dormida.

Todos se rieron de Él.

Jesús les mandó salir y luego siguió a Jairo hasta la habitación donde estaba acostada la niña. Jesús tomó suavemente la mano de la niña entre sus manos tibias y dijo:

—¡Niña, levántate!

La niña abrió sus ojos. Luego se sentó y miró alrededor.

—Trae algo de comer a tu hija —señaló Jesús.

Muy pronto la niña se sintió mucho mejor.

Una multitud hambrienta

Jesús estaba cansado y fue a las montañas para descansar. Vio a una multitud y tuvo compasión de ellos.

Jesús puso sus manos sobre todos los enfermos y les habló. De repente, todos estaban sanos. ¡Podían ver, caminar y correr otra vez! Todos dieron gracias a Dios.

Luego, Jesús se sentó y empezó a contar sus maravillosas historias. El día prosiguió, y pronto el sol empezaba a ponerse. La gente ya estaba cansada y hambrienta. No habían traído comida.

Jesús tuvo compasión de ellos y sanó a los que estaban enfermos.

Mateo 14:14

¿Cómo encontró esta gran multitud suficiente comida?

El almuerzo de un niño

«No tenemos
aquí más que
cinco panes y
dos pescados».

Mateo 14:17

—¡Maestro! —dijeron los discípulos—. ¿Enviamos a las personas a comprar pan a alguna aldea?

—No, debemos darles de comer aquí —dijo Jesús.

De modo que los amigos de Jesús recorrieron el lugar preguntando:

—¿Alguien ha traído comida?

Todos negaban con la cabeza.

—Tengo un poco de pan —dijo por fin un niño—, y dos pescados. ¡Jesús puede tomarlos!

Un discípulo llevó el niño a Jesús.

—¡Maestro! —dijo—. Este niño tiene cinco panes y dos pescados.

Jesús sonrió al niño y tomó su canasta.

—Manda a todos que se sienten —dijo Jesús a sus amigos.

*¿Cómo
podían
alimentar
a todos
con eso?*

¡Mucha comida para todos!

Jesús tomó los cinco panes y, mirando al cielo, los bendijo.

Mateo 14:19

¿Qué crees que dijo el niño a su madre cuando regresó a casa?

Jesús tomó los panes de la canasta del niño y los partió. Luego repartió el pan a sus amigos. En seguida, Jesús dividió los pescados y repartió pedazos a sus amigos.

Los discípulos empezaron a dar la comida a la multitud. Jesús siguió partiendo el pan y los pescados, y les dio más para repartir.

Más de cinco mil personas estaban sentadas en la montaña, y todas tuvieron comida en abundancia. Luego Jesús mandó a sus discípulos que recogieran lo que sobró y llenaron doce canastas. ¡Fue un milagro maravilloso!

Jesús camina sobre el agua

Los discípulos subieron a la barca y se marcharon rumbo a Capernaúm. Mientras tanto, Jesús subió a una montaña para orar a solas.

De repente, se desató una tormenta sobre el lago. Poco después, los discípulos vieron a alguien que caminaba sobre el agua. ¿Era un fantasma? Todos estaban aterrorizados.

¡Era Jesús! Él los llamó.

—Si en realidad eres tú —dijo Pedro—, permíteme caminar también sobre el agua.

—¡Ven! —dijo Jesús.

Pedro empezó a caminar sobre el agua. Pero después de dar unos pasos, se asustó y empezó a hundirse. Jesús extendió su mano y lo sostuvo. Ambos subieron al barco, y la tormenta se calmó.

Jesús lo reprendió: «¡Hombre de poca fe! ¿Por qué dudaste?».

Mateo 14:31

¿Por qué Pedro no pudo caminar mucho sobre el agua?

327

¡Árboles que caminan!

Unos hombres trajeron a un ciego a Jesús.

—Por favor, sánalo para que pueda ver —pidieron.

Jesús puso un poco de saliva en los ojos del hombre, y luego los cubrió con sus manos. Luego retiró sus manos y preguntó:

—¿Ya puedes ver?

—¡Sí! Puedo ver formas —dijo el hombre—. Pero las personas parecen árboles que caminan.

Jesús volvió a poner sus manos sobre los ojos del hombre. Esta vez el hombre pudo ver todo claramente.

El ciego recobró la vista y comenzó a ver todo con claridad.

Marcos 8:25

Jesús sanó a este hombre cerca del pueblo de Betsaida.

Un viaje peligroso

Esta es una de las historias más queridas de Jesús.

Una vez, un hombre tenía que viajar de Jerusalén a Jericó por un camino solitario en medio de montañas. Unos ladrones le robaron todo lo que tenía y lo golpearon. Luego huyeron, dejándolo muy malherido.

Un sacerdote iba de camino a Jerusalén. Cuando vio al hombre tirado, simplemente cruzó al otro lado del camino y siguió adelante.

Luego pasó un hombre que ayudaba en el templo. Tan pronto vio al hombre herido, cruzó y siguió su camino.

Se presentó un experto en la ley y, para poner a prueba a Jesús, le hizo esta pregunta: «Maestro, ¿qué tengo que hacer para heredar la vida eterna?».

Lucas 10:25

Esta historia suele llamarse «la parábola del buen samaritano».

329

Jesús le dijo:
«Anda y haz tú
lo mismo».

Lucas 10:37

Un extraño ayuda

Un tercer hombre pasó por el mismo lugar. Era un extranjero, de la tierra de Samaria. A diferencia de los otros, él se detuvo y vendó las heridas del hombre. Luego lo subió a su burro y lo llevó a una posada.

—¡Cuida a mi amigo! —le dijo al posadero—. Asegúrate de que no le falte nada.

¿Quiere Jesús que ayudemos solo a las personas que conocemos?

—¿Cuál de estos hombres fue un verdadero amigo? —preguntó Jesús.

—El extranjero —dijo alguien.

—¡Sí! —dijo Jesús—. Ahora vayan y hagan lo mismo.

Dos hermanas

Jesús tenía unos amigos que vivían en el pueblo de Betania. Eran dos hermanas, Marta y María, y su hermano Lázaro.

Un día, Jesús fue a visitarlos. Marta empezó a preparar una comida especial y pidió a su hermana que le ayudara. Pero María quería sentarse y escuchar a Jesús. Marta se enojó mucho.

—Dile a mi hermana que me ayude en la cocina —dijo Marta.

Pero Jesús dijo:

—Aprender acerca de Dios es más importante que la comida.

«María ha escogido la mejor, y nadie se la quitará».

Lucas 10:42

¿Te hubieras enojado con María igual que Marta?

Jesús llega tarde

Un día, Lázaro se enfermó. María y Marta temían que pudiera morir, y enviaron un mensaje a Jesús que decía: «Por favor, ven y sana a Lázaro».

Pero Jesús no se apresuró a verlos. Al cabo de unos días, dijo a sus discípulos:

—Vamos ahora.

Cuando Jesús llegó a Betania, Lázaro ya había muerto.

—Si hubieras estado aquí, Lázaro no habría muerto —dijo Marta—. Pero incluso ahora, si tú das la orden, él volverá a vivir.

¿Llegó Jesús demasiado tarde para ayudar?

¡Sal fuera!

—Llévenme a la tumba de Lázaro —dijo Jesús.

Una piedra enorme tapaba la entrada de la tumba.

—¡Quiten esa piedra! —dijo Jesús.

Luego exclamó:

—¡Lázaro, sal de la tumba!

¡Y Lázaro apareció!

La gente estaba asombrada, y también un poco asustada.

—Quítenle los vendajes de su sepultura —dijo Jesús.

Lázaro fue a casa con sus hermanas. ¡Estaban muy contentos!

Jesús lloró. «¡Miren cuánto lo quería!», dijeron los judíos.

Juan 11:35-36

¿Por qué había decidido Jesús no apresurarse en ir a Betania para sanar a Lázaro?

Un hombre agradecido

«Tu fe te ha sanado».

Lucas 17:19

¿Te acuerdas siempre de agradecer a Dios por todo lo que ha hecho por ti?

En una ocasión, se acercaron a Jesús diez hombres que sufrían la terrible enfermedad de la piel que se llama lepra. Estos exclamaron:

—¡Maestro, ten piedad de nosotros!

—Vayan y preséntense ante el sacerdote —dijo.

Las personas con lepra tenían que hacer esto si pensaban que su enfermedad había desaparecido. El sacerdote los examinaba para ver si en realidad se habían curado.

Mientras caminaban al templo, la piel de los hombres se recuperó y sanó. Uno de ellos regresó para ver a Jesús.

—¡Alabado sea Dios! ¡Estoy completamente sano! —dijo.

—He sanado a diez hombres —dijo Jesús—. ¿Dónde están los otros? Tú eres el único que ha regresado para darme las gracias.

Una espalda derecha

Una mujer había pasado muchos años con la espalda encorvada. No podía ponerse derecha.

Un día, ella fue a la sinagoga donde Jesús enseñaba. Jesús se entristeció de ver su dolor.

—Tu espalda está completamente sana —le dijo Jesús.

¡Tan pronto le dijo esto, ella pudo ponerse derecha! Ella se alegró mucho y dio gracias a Dios.

La gente estaba encantada de tantas maravillas que él hacía.

Lucas 13:17

Algunos pensaban que estaba mal que Jesús sanara a la mujer en el día de descanso.

La oveja perdida

He aquí otra de las historias que Jesús contaba.

Érase un pastor que tenía cien ovejas. Él las conocía a todas por su nombre, y amaba a cada una.

Una noche, faltaba una oveja. El pastor salió de inmediato a buscarla.

Al fin la encontró. La puso sobre sus hombros para llevarla de regreso a casa.

El pastor llamó a sus amigos:

—¡Alégrense! —dijo—. He encontrado a mi oveja perdida.

Jesús dijo: «Yo soy como un buen pastor. Yo cuido a las personas que están perdidas».

«El Padre de ustedes que está en el cielo no quiere que se pierda ninguno de estos pequeños».

Mateo 18:14

Jesús dijo que vino a buscar a los que están perdidos.

Una moneda perdida

Esta es otra historia de Jesús que esconde un significado importante.

Una mujer tenía diez monedas de plata, pero había perdido una de ellas en su casa. Barrió el piso con cuidado, buscando en cada rincón y en cada grieta.

¡Por fin encontró la moneda perdida!

Estaba tan feliz de haber encontrado su moneda perdida que llamó a sus amigas para festejarlo.

«Les digo que así mismo se alegra Dios con sus ángeles por un pecador que se arrepiente».

Lucas 15:10

La mujer probablemente había recibido las monedas en su boda.

Un joven se va de su casa

Jesús contó también esta gran historia.

Había una vez un granjero rico que tenía dos hijos.

Un día, el hijo menor dijo a su padre:

—Dame mi parte de tu dinero. Así podré irme y disfrutar de la vida.

El padre se sintió muy triste. Él era muy feliz con sus hijos en casa. Sin embargo, le entregó a su hijo menor su parte del dinero.

El joven se fue de la casa y viajó a un país lejano. ¡Se divirtió mucho!

Los fariseos y los maestros de la ley se pusieron a murmurar: «Este hombre recibe a los pecadores y come con ellos».

Lucas 15:2

Esta suele llamarse «la parábola del hijo pródigo».

Cerdos glotones

Un día, se le acabó el dinero al hijo menor. No fue fácil encontrar trabajo y no había comida. Acudió entonces a un granjero.

—Dame algo de comer —dijo—. Trabajaré muy duro para ti.

—Puedes cuidar a mis cerdos —dijo el granjero.

Así que el joven se sentó con los cerdos glotones que gruñían. Después de un tiempo, empezó a pensar en su familia en casa.

«Así que emprendió el viaje y se fue a su padre».

Lucas 15:20

—¡Qué tonto he sido! —se dijo—. Hay muchos hombres trabajando para mi padre. Tienen toda la comida que necesitan. Y yo estoy aquí, ¡deseando la comida de los cerdos! Iré a casa y diré: «Padre, ya no merezco llamarme tu hijo. ¿Puedo trabajar para ti a fin de pagar mi comida?».

¿Crees que el padre volvió a recibirlo?

339

¡Bienvenido a casa!

Historia 314

«Así es también en el cielo: habrá más alegría por un solo pecador que se arrepienta, que por noventa y nueve justos que no necesitan arrepentirse».

Lucas 15:7

Dios siempre está dispuesto a perdonarnos.

El joven emprendió su largo camino a casa. Mientras se encontraba todavía lejos, su feliz padre corrió a su encuentro. Abrazó y besó a su hijo.

El joven empezó a decirle las palabras que había practicado

—Padre, lo siento…

Su padre empezó a reír.

—¡Mi hijo ha vuelto a casa! —exclamó—. ¡Traigan la mejor túnica para él y sandalias elegantes para sus pies! ¡Preparen un banquete! Pensé que mi hijo estaba muerto, pero ha regresado. Estaba perdido y lo hemos encontrado. ¡Haremos una gran fiesta!

Un hermano enojado

Cuando el hermano mayor terminó el trabajo en el campo, volvió a casa. Escuchó el sonido de música y risas.

—Hay una fiesta para tu hermano menor —le dijo un siervo.

—Yo siempre he sido un buen hijo y un buen trabajador —se quejó el hijo ante su padre—. ¡Tú nunca me has hecho una fiesta! Mi hermano ha gastado tu dinero. ¡Ahora regresa a casa y tú celebras!

—No te enojes —dijo el padre—. ¡Todo lo que tengo es tuyo!

«*Tu hermano estaba muerto y ha vuelto a la vida*».

Lucas 15:32 NTV

¿Por qué estaba tan enojado el hermano mayor?

Jesús ama a los niños

«Les aseguro
que el que
no reciba el
reino de Dios
como un niño,
de ninguna
manera entrará
en él».

Lucas 18:17

Jesús siempre
cuida a los
niños.

Un día, unas mamás trajeron a sus niños a Jesús. Sus discípulos empezaron a alejarlos.

—Jesús está muy cansado —decían—. ¡No lo fastidien con sus niños!

Jesús oyó lo que decían.

—¡Dejen que los niños vengan a mí! —dijo—. ¡No los detengan! Si quieren entrar en el cielo, ustedes deben amar a Dios como un niño.

Luego Jesús tomó a los niños y los sostuvo en sus brazos.

Un ciego ve

Un ciego llamado Bartimeo vivía cerca de la ciudad de Jericó. Oyó que Jesús venía, y sabía que Él sanaba a las personas. Así que Bartimeo se sentó junto al camino y empezó a gritar:

—¡Jesús, ten misericordia de mí!

Esto molestaba a las personas a su alrededor y le decían:

—¡Cállate, Bartimeo!

Pero él gritaba aún más fuerte.

—¡Por favor, Jesús, ayúdame!

Jesús lo escuchó.

—¿Qué quieres? —preguntó Jesús.

—Maestro, ¡quiero que me des la vista!

—¡Ya la tienes! —dijo Jesús—.
Tu fe te ha sanado.

¡A partir de ese momento, Bartimeo pudo ver perfectamente!

Todos los que lo vieron daban alabanza a Dios.

Lucas 18:43

¿Creyó Bartimeo que Jesús podía sanarlo?

343

Un hombre en un árbol

En Jericó vivía también un hombre llamado Zaqueo, jefe de los recaudadores de impuestos. Zaqueo se volvió muy rico, porque recogía más dinero de lo debido.

—¡Es un ladrón! —decía la gente. Nadie lo quería.

Jesús estaba de visita en Jericó. Todos salían a las calles para verlo.

Zaqueo también quería ver a Jesús, pero era muy bajito. Se subió a un árbol y se sentó en una rama alta. ¡Ahora él también podía ver a Jesús!

Había allí un hombre llamado Zaqueo, jefe de los recaudadores de impuestos, que era muy rico.

Lucas 19:2

Tal vez Zaqueo pensó que nadie lo vería sentado en un árbol.

¡Un gran cambio!

«*Porque el Hijo del hombre vino a buscar y a salvar lo que se había perdido*».

Lucas 19:10

Jesús ofrece a todos un nuevo comienzo.

Zaqueo tuvo una gran sorpresa. Cuando Jesús llegó al árbol donde él estaba, se detuvo.

—¡Baja del árbol, Zaqueo! —le dijo Jesús—. ¡Quiero cenar en tu casa!

Zaqueo estaba maravillado, y bajó del árbol.

Zaqueo cambió después de conocer a Jesús. Se volvió mucho más amable.

—Daré la mitad de mi dinero a los pobres —dijo Zaqueo—. Voy a restituir todo el daño que he causado.

—A Dios le agrada mucho que empieces todo de nuevo —dijo Jesús.

La última Pascua de Jesús

Jesús les dijo: «Se cumplirá todo lo que escribieron los profetas acerca del Hijo del hombre... después de azotarlo, lo matarán. Pero al tercer día resucitará».

Lucas 18:31, 33

Había llegado la temporada de la gran fiesta de la Pascua.

Jesús decidió ir a Jerusalén con sus doce discípulos. Cuando iba de camino, les dijo:

—Me van a arrestar y a matar en Jerusalén. Pero después de tres días, resucitaré de entre los muertos.

Los discípulos no entendieron de qué hablaba.

Pronto sabremos qué quiso decir Jesús.

Un burro prestado

Cuando llegaron cerca de Betania, en las afueras de Jerusalén, Jesús envió primero a dos de sus amigos.

—Vayan a la próxima aldea —les dijo—. Encontrarán un burro atado. Nadie lo ha montado aún. Desátenlo y tráiganmelo. Si alguien les pregunta qué están haciendo, solo digan: «El Maestro necesita este burro».

Los dos discípulos encontraron fácilmente el burro. Lo desataron y lo llevaron a Jesús. Algunos amigos de Jesús pusieron sus capas sobre el lomo del burro.

«El Señor lo necesita».

Lucas 19:34

En Betania vivían los amigos de Jesús: María, Marta y Lázaro.

Jesús el rey

Jesús se sentó sobre el burro y marchó a Jerusalén. El camino estaba lleno de gente para la gran fiesta.

Cuando las multitudes vieron venir a Jesús, se entusiasmaron mucho. Algunos recibieron a Jesús como rey, y extendieron sus capas sobre el camino delante de Él.

Otros cortaban ramas de las palmeras y las ponían en el camino.

La gente empezó a aclamarlo con gran alegría. Todos gritaban: «¡Hosanna! ¡Alabado sea Dios!».

Años atrás los sabios descubrieron que un nuevo rey había nacido. Ahora la gente veía que Jesús era ese rey.

La conspiración de los sacerdotes

Algunos sacerdotes del templo odiaban a Jesús. Estaban conspirando para matarlo.

Uno de los discípulos de Jesús, Judas Iscariote, fue a ver a los jefes de los sacerdotes.

—Si me pagan bien —dijo—, les mostraré dónde pueden hallar a Jesús para arrestarlo.

Los sacerdotes estaban encantados. Le prometieron a Judas que le darían treinta monedas de plata por hacerlo.

Judas esperó a que fuera el momento oportuno para entregarles a Jesús.

¿Cuándo sería esto?

Jesús se enoja

Cuando llegaron a Jerusalén, Jesús y sus discípulos fueron primero al templo.

Muchos comerciantes habían puesto sus mesas allí. Vendían sus mercancías y cambiaban dinero.

Jesús se enojó mucho.

—¡Han convertido el templo de Dios en una cueva de ladrones! —gritó.

Jesús echó del templo a los que compraban y vendían mercancías. Volcó sus mesas y tumbó sus puestos.

«Mi casa será llamada casa de oración para todas las naciones. Pero ustedes la han convertido en cueva de ladrones».

Marcos 11:17

¿Te sorprendió que Jesús se enojara con esas personas?

351

Ovejas y cabras

Jesús quería
enseñar a sus
discípulos
tanto como le
fuera posible
antes de
dejarlos.

Un día, Jesús explicó a sus discípulos cómo escogería personas para su reino.

—Voy a regresar a la tierra en gloria. Todo el mundo estará frente a mí. Yo seré como un pastor que separa las ovejas de las cabras. Diré a las ovejas: «Vengan a mi reino. Cuando tuve hambre, me dieron comida. Cuando tuve sed, me dieron algo para beber. Cuando fui un extranjero, me invitaron a sus casas. Y cuando estuve enfermo o en la cárcel, me visitaron». Ellos dirán: «Señor, no recordamos cuándo hicimos todo eso por ti». Y yo les diré: «Cuando ustedes ayudaron a las personas necesitadas, es como si me hubieran ayudado a mí».

El frasco roto

Una noche, los amigos de Jesús en Betania prepararon una cena especial para Él.

María llegó con un frasco de perfume muy fino. Lo rompió y derramó el perfume sobre los pies de Jesús. Luego secó sus pies con su larga cabellera.

Judas Iscariote estaba indignado.

—¡Maestro! —dijo—. Un frasco de perfume como ese debería venderse. Podríamos usar el dinero para ayudar a muchos pobres.

—No te molestes por lo que María ha hecho —dijo Jesús—. Ella ha manifestado su amor por mí de una manera hermosa.

«Les aseguro que en cualquier parte del mundo donde se predique este evangelio, se contará también... lo que ella hizo».

Mateo 26:13

¿Por qué estaba Judas tan molesto?

¡Sigan a ese hombre!

«No celebraré
más esta cena,
hasta el día en
que comamos
todos juntos
en el gran
banquete en el
reino de Dios».

Lucas 22:16
TLA

Llegó el día de la gran fiesta. Jesús quería celebrar la Pascua con sus doce discípulos. Ellos le preguntaron dónde debían preparar la cena.

—Caminen hacia las afueras de la ciudad. Verán a un hombre que lleva una gran vasija con agua —dijo Jesús—. Síganlo hasta su casa. Luego digan al dueño: «Por favor muéstranos la habitación que has preparado para el Maestro». Él les mostrará una habitación que está lista para la Pascua.

Los discípulos hicieron lo que Jesús les mandó. Más tarde, Jesús y los otros discípulos llegaron para la cena.

Jesús celebró
la Pascua
en una gran
habitación de
un piso alto.

Jesús lava los pies

Cuando todos estaban reunidos, Jesús preguntó a sus amigos:

—¿Quién es más grande: el amo o el servidor?

Ellos dijeron:

—¡El amo, por supuesto!

—Bueno, yo soy el amo de esta fiesta —dijo Jesús—. Pero también soy su servidor.

En seguida tomó una vasija con agua y lavó los pies de sus discípulos. Y los secó con una toalla.

—Yo, su amo, he lavado sus pies —dijo Jesús—. ¡Piensen cuán importante es que ustedes laven los pies los unos a los otros!

«Les he puesto el ejemplo, para que hagan lo mismo que yo he hecho con ustedes».

Juan 13:15

En los tiempos bíblicos, un anfitrión siempre ofrecía agua para lavar los pies llenos de tierra de sus visitantes.

355

Ámense unos a otros

Mientras comían, Jesús dijo:

—Uno de ustedes que come esta cena conmigo va a entregarme a mis enemigos.

Los discípulos se asustaron.

—¡Seguramente no hablarás de mí! —dijeron algunos.

—Hablo de alguien que come de mi propio plato —dijo.

En ese preciso momento Judas se escabulló. Estaba conspirando contra Jesús.

—Ámense los unos a los otros como yo los he amado —dijo Jesús a sus discípulos.

*¿Con quiénes
crees que se
iba a reunir
Judas?*

El pan y el vino

Tomó pan... se lo dio a ellos y dijo: «Este pan es mi cuerpo, entregado por ustedes».

Lucas 22:19

Los cristianos comparten el pan y el vino en una reunión llamada la Santa Cena, a fin de recordar la vida y la muerte de Jesús.

Jesús tomó pan, y dio gracias a Dios. Luego lo partió y dio un pedazo a cada uno de sus amigos. Jesús dijo:

—¡Tomen este pan y coman! Yo soy el pan. Yo me entrego por todos ustedes.

Luego Jesús tomó una copa de vino, dio gracias a Dios por ella, y la pasó a sus discípulos.

—¡Beban de este vino! —dijo—. El vino es mi vida. Yo entrego mi vida por todos.

Advertencia a Pedro

—¡Yo te amo tanto que moriría por ti! —declaró Pedro.

Jesús sacudió su cabeza con tristeza.

—¡Pedro! Antes de que cante el gallo, tú habrás dicho tres veces que no me conoces.

¿Qué iba a suceder?

360

En el huerto

Después de la cena, Jesús llevó a sus discípulos fuera de la ciudad.

Los llevó al huerto de Getsemaní, sobre el monte de los Olivos.

—Espérenme aquí —dijo Jesús—. Quiero orar a solas. ¡Permanezcan despiertos y oren!

De sus amigos especiales, Jesús escogió a tres para que oraran con Él: Pedro, Santiago y Juan.

[Jesús] les dijo: «Estoy muy triste. Siento que me voy a morir. Quédense aquí conmigo y no se duerman».

Mateo 26:38 TLA

Jesús sabía que Judas iba a traicionarlo. Estaba muy, muy triste.

*Jesús les dijo:
«Se acerca la
hora, y el Hijo
del hombre va
a ser entregado
en manos de
pecadores».*

Mateo 26:45

¡Dormidos!

Jesús buscó un lugar tranquilo en el huerto.
Se arrodilló para orar. Tenía miedo de lo que
estaba a punto de suceder.

—Padre, ¡no permitas que yo pase por esto!
—oró—. Pero lo importante no es lo que yo
quiero, sino lo que tú quieres. Que todo suceda
como tú quieres.

Jesús regresó a donde estaban sus tres
discípulos.

Todos estaban dormidos.

*¿Cómo se sintió
Jesús cuando
encontró a
sus discípulos
dormidos?*

—¡Pedro! —dijo Jesús, para
despertarlo—. ¿Por qué duermes?
¿No pudiste orar conmigo solo una
hora? ¡Por favor, despierta y ora!
Jesús volvió solo al huerto para
orar. Pero los discípulos
volvieron a dormir.

363

«*Judas,
¿con un beso
traicionas
al Hijo del
hombre?*».

Lucas 22:48

El beso de Judas

—¡Despierten! —mandó Jesús a sus amigos—. ¡Aquí viene el hombre que va a entregarme a mis enemigos!

Judas iba delante de unos hombres que llevaban espadas y palos. Les había dicho a los sacerdotes: «El hombre al que bese es el que deben arrestar».

Ahora Judas se acercó a Jesús, y lo besó.

—¡Maestro! —dijo.

Y así los soldados que iban con Judas supieron que era Jesús.

Entonces lo capturaron y lo llevaron prisionero.

Jesús preguntó por qué lo arrestaban en la noche cuando había estado enseñando todos los días en el templo.

¡Abandonado!

¡Pedro estaba furioso! Tomó una espada y cortó la oreja de uno de los siervos del sumo sacerdote.

—Pedro, guarda esa espada —le dijo Jesús.

Luego Jesús sanó la oreja del hombre.

—Ustedes me arrestan como si yo fuera un ladrón —señaló Jesús—. ¿Por qué no me arrestaron mientras yo enseñaba en el templo?

Los discípulos huyeron. Estaban muy asustados.

Jesús dijo a los jefes de los sacerdotes: «Ha llegado la hora de ustedes, cuando reinan las tinieblas».

Lucas 22:52-53

Ahora Jesús estaba solo con sus enemigos.

El canto del gallo

Los soldados llevaron a Jesús a la casa del sumo sacerdote. Pedro los siguió. Mientras interrogaban a Jesús, Pedro esperaba en el patio. Una joven sirvienta comentó:

—Creo que he visto a ese hombre con Jesús.

Pedro se asustó.

—¡No! Ni siquiera lo conozco —dijo.

Un hombre lo vio desde el otro lado del patio y dijo:

—Sí, es uno de los discípulos de Jesús.

—A decir verdad, ¡no lo soy! —dijo Pedro.

Un tercer hombre dijo:

—Sin duda es uno de los seguidores de Jesús.

—¡No tengo nada que ver con ese hombre!

En el momento en que habló, los soldados llevaban a Jesús al otro lado del patio. Jesús miró a Pedro, ¡y un gallo cantó!

Entonces Pedro recordó lo que Jesús le había dicho: «Antes de que cante el gallo, tú habrás dicho tres veces que no me conoces».

Las preguntas de los sacerdotes

Jesús estaba delante del sumo sacerdote, que había llamado a los otros sacerdotes.

—¿Eres tú el rey enviado por Dios? —preguntó el sumo sacerdote—. ¿Eres el Hijo de Dios?

—Sí —respondió Jesús.

—¿Oyen eso? —gritaron enojados los sacerdotes—. ¡Él dice que es el Hijo de Dios!

Todos estaban de acuerdo en que Jesús debía morir.

Los soldados se burlaron de Él, lo escupieron y lo golpearon.

«De ahora en adelante verán ustedes al Hijo del hombre sentado a la derecha del Todopoderoso, y viniendo en las nubes del cielo».

Mateo 26:64

Después de esto, Jesús sufrió aun más.

Los sacerdotes
no podían
condenar a
muerte a Jesús.
Solo Pilato
podía hacerlo.

La pregunta de Pilato

Los soldados llevaron a Jesús delante del gobernador romano Poncio Pilato.

—Este hombre Jesús está causando muchos problemas —dijeron los sacerdotes a Pilato—. Incluso afirma que es el rey de los judíos. ¡Tienes que ejecutarlo!

Pilato interrogó cuidadosamente a Jesús.

—No encuentro nada malo en Él —dijo Pilato, cuando terminó.

Luego preguntó a Jesús:

—¿Eres el rey de los judíos?

—Esas son tus palabras —respondió Jesús.

¡A la cruz!

Pilato envió a Jesús al rey Herodes.

Herodes le hizo preguntas, pero Jesús no le respondió. Al final, Herodes se dio por vencido. Sus soldados se burlaron de Jesús, y luego lo llevaron de nuevo a Pilato.

—Este hombre no ha hecho nada por lo que merezca morir —dijo Pilato.

Cada año en la Pascua, Pilato liberaba a un prisionero.

—¿A quién debo liberar, a Jesús o al asesino Barrabás? —preguntó a la multitud.

—¡A Barrabás! ¡Libera a Barrabás! —gritaron.

—¿Qué debo hacer con Jesús? —preguntó Pilato.

—¡Crucifícalo! —gritaron todos.

Pilato pidió una vasija con agua. Delante de todos se lavó las manos.

—¡Que sea como ustedes quieren! Llévenlo y crucifíquenlo. Pero no me culpen por la muerte de Jesús.

Entonces Pilato se lo entregó para que lo crucificaran.

Juan 9:16

¿Te parece que Pilato fue sabio o cobarde?

«He pecado
—declaró—,
porque
traicioné a
un hombre
inocente».

Mateo 27:4
NTV

Judas se lamenta

Judas se sentía terriblemente mal por lo que había hecho. Devolvió las monedas de plata que los sacerdotes le habían pagado.

—¡No quiero su dinero! —dijo—. He hecho algo malo. He traicionado al Señor.

Ellos se rieron.

—¡Qué pena! ¡Ya es demasiado tarde!

Judas arrojó el dinero al piso. Estaba tan triste por haber traicionado a Jesús que se quitó la vida.

¿Puedes imaginar lo culpable que se sentía Judas?

Tres cruces

Finalmente, los soldados se llevaron a Jesús. Lo sacaron de Jerusalén y lo obligaron a llevar una cruz de madera pesada hasta lo alto de una colina.

Cuando Jesús se tropezó, los soldados ordenaron a un hombre llevar la cruz.

Una vez en la colina, clavaron a Jesús en la cruz. También pusieron a dos ladrones en dos cruces, uno a cada lado de Jesús.

—¡Por favor, acuérdate de mí! —le rogó uno de los ladrones.

—Hoy estarás conmigo en el cielo —dijo Jesús.

Pilato mandó que los soldados pusieran un letrero en la cruz de Jesús. Decía: «Jesús de Nazaret, rey de los judíos».

¿Por qué crees que Pilato quería poner este letrero en la cruz?

Jesús dijo: «Padre, perdónalos, porque no saben lo que hacen».

*Lucas 23:34
NTV*

La muerte de Jesús

La familia y los amigos de Jesús se quedaron muy tristes junto a la cruz.

—Trata a mi madre María como si fuera tu propia madre —dijo Jesús a su amigo Juan.

Jesús estaba muy solo cuando murió.

—Dios, ¿por qué me has abandonado? —preguntó.

El cielo se oscureció al mediodía hasta las tres de la tarde.

Jesús exclamó: «¡Está terminado!», y luego murió.

Un capitán romano dijo: «¡Realmente Él era el Hijo de Dios!».

Jesús exclamó con fuerza: «¡Padre, en tus manos encomiendo mi espíritu!».

Lucas 23:46

Aun mientras moría, Jesús demostró su amor hacia su madre María.

La petición de José

Después de la muerte de Jesús, un buen hombre llamado José se presentó ante Pilato.

—Jesús ha muerto —dijo—. ¿Puedo hacerme cargo de su cuerpo?

Pilato asintió con la cabeza y le dijo:

—¡Claro que sí!

Entonces, José tomo el cuerpo de Jesús, lo envolvió en un lienzo y lo dejó acostado en una tumba cavada en la roca.

Luego, José hizo rodar una piedra enorme para tapar la entrada y así proteger el cuerpo de Jesús.

Dos soldados romanos hicieron guardia frente a la tumba.

María Magdalena y María la madre de José vieron dónde lo pusieron.

Marcos 15:47

¡Ya nadie podía entrar en la tumba!

El descubrimiento de María

Temprano en la mañana del domingo, cuando todavía estaba oscuro, María Magdalena fue a la tumba de Jesús. (Jesús había sanado a María cuando predicó en Galilea). María llevaba perfume para poner en el cuerpo de Jesús.

María se sorprendió al ver que la enorme piedra que tapaba la entrada estaba ahora a un lado de la tumba. ¡Pero no podía ver el cuerpo de Jesús!

María volvió de inmediato a Jerusalén.

—Se han llevado el cuerpo de Jesús —dijo a Pedro y a Juan—. ¡No lo encuentro!

¿Qué había sucedido al cuerpo de Jesús?

¡Resucitó!

Hasta entonces
no habían
entendido
la Escritura,
que dice que
Jesús tenía que
resucitar.

Juan 20:9

*¿Por qué creían
ahora Pedro
y Juan que
Jesús había
resucitado de
los muertos?*

Pedro y Juan estaban muy preocupados. Decidieron ver por sí mismos y salieron corriendo hacia la tumba.

Juan llegó primero, porque corría más rápido que Pedro. Se inclinó en la puerta y se asomó.

Pedro llegó sin aliento y entró directo a la tumba. ¡Estaba vacía!

El lienzo en el que se había envuelto el cuerpo de Jesús estaba bien doblado.

De inmediato, Pedro y Juan creyeron que Jesús había resucitado de los muertos.

¿El jardinero?

Pedro y Juan regresaron a Jerusalén. Pero María se quedó fuera de la tumba, llorando. Volvió a asomarse a la tumba. Con ojos llenos de lágrimas vio a dos ángeles.

—¿Por qué lloras? —le preguntaron.

—Se han llevado el cuerpo de Jesús —respondió—. No sé dónde está.

María se dio vuelta y vio a Jesús allí, de pie, pero no lo reconoció.

—¿Por qué lloras? —le preguntó Jesús—. ¿A quién buscas?

María pensó que era el jardinero y dijo:

—Si te has llevado el cuerpo de Jesús, ¡te ruego que me digas dónde lo has puesto!

Jesús solo dijo: «¡María!».

De repente, ella supo que era Jesús.

—¡Maestro! —exclamó.

María Magdalena fue a darles la noticia a los discípulos: «¡He visto al Señor!».

Juan 20:18

¿Cómo reconoció María Magdalena a Jesús?

Dos amigos tristes

*Jesús les explicó
todo lo que la
Biblia decía
acerca de él.*

Lucas 24:27
TLA

Dos seguidores de Jesús caminaban a Emaús, un pueblo cerca de Jerusalén. Habían escuchado a algunos discípulos decir que habían visto a Jesús vivo otra vez. Pero estos dos todavía creían que Jesús estaba muerto.

De repente, apareció un extraño en el camino, y empezó a caminar con ellos. Era Jesús, pero los hombres no lo reconocieron.

—¿De qué hablan? —preguntó Jesús.

Uno de ellos dijo:

—Tú debes ser la única persona que no sabe lo que ha sucedido en Jerusalén.

—¿Qué ha sucedido? —preguntó Jesús.

*¿Por qué crees
que estos dos
seguidores de
Jesús no creían
que él estuviera
vivo otra vez?*

—Jesús de Nazaret murió en una cruz… pero algunas mujeres nos sorprendieron diciendo que no podían encontrar su cuerpo cuando visitaron la tumba esta mañana.

Un desconocido en la cena

—Quédate con nosotros. Ya es de noche, y pronto oscurecerá.

Entonces Jesús se sentó a cenar con ellos. Dio gracias a Dios por la comida, luego partió el pan y lo repartió a todos.

De repente, ¡se dieron cuenta de que era Jesús! En ese mismo instante, Jesús desapareció.

—¡Era Jesús! —dijo uno de ellos—. ¿No sintieron esa emoción al escuchar cómo nos explicaba la Biblia mientras caminábamos?

Se levantaron de un salto y salieron corriendo hacia Jerusalén.

Allí encontraron a los once discípulos de Jesús.

—¡Es cierto! —dijeron—. ¡Jesús está vivo! ¡Lo hemos visto con nuestros propios ojos!

Entonces se les abrieron los ojos y lo reconocieron.

Lucas 24:31

¿En qué momento reconocieron estos discípulos a Jesús?

Jesús dijo a
Pedro: «Cuida
de mis ovejas».

Juan 21:16

Amigos de pesca

Pedro y algunos de los discípulos salieron a pescar. Lo intentaron toda la noche, pero no pescaron nada. Al amanecer, vieron a alguien en la orilla.

—¿Cómo estuvo la pesca? —preguntó de lejos el extraño.

—¡No hemos pescado nada!

—Lancen la red al otro lado de la barca —sugirió el extraño.

Así lo hicieron, y de inmediato las redes estaban tan llenas de peces que los hombres no lograban sacarlas.

¿Quién era el extraño?

380

—¡Debe ser Jesús! —exclamó Juan.
Pedro estaba tan feliz de ver a Jesús
que nadó hasta la orilla.
Jesús les preparó el pescado en
una fogata.

Jesús dijo:
«Vayan y hagan
discípulos
de todas las
naciones».

Mateo 28:19

El discípulo
Tomás solo
creyó que Jesús
estaba vivo
cuando lo vio y
tocó sus manos
heridas.

¡Siempre!

Cuarenta días después de la Pascua, los discípulos de Jesús estaban en una casa en Jerusalén. De repente, Jesús apareció en medio de la habitación. Al principio se asustaron.

—¡No se asusten! —dijo Jesús—. Los hombres me mataron, pero Dios me ha devuelto la vida.

—¿Vas a ser ahora el rey del mundo? —preguntaron los discípulos.

—No, todavía no —dijo Jesús.

Después de esto, Jesús caminó con ellos hasta el monte de los Olivos, en las afueras de Jerusalén.

Mientras estaban con Jesús sobre el monte, Él dijo:

—Ahora me voy para estar con Dios. Pero sigo con ustedes. Siempre estaré con ustedes.

Jesús se va

Jesús les respondió: «El Espíritu Santo vendrá sobre ustedes, y recibirán poder».

Hechos 1:7-8
TLA

Más adelante, mientras Jesús les hablaba, una nube descendió del cielo y se llevó a Jesús. Cuando la nube desapareció, los discípulos no pudieron ver más a Jesús.

Se quedaron mirando al cielo. De repente, dos ángeles aparecieron.

—¿Por qué se quedan todos mirando al cielo? —preguntaron los ángeles—. Jesús está con Dios en el cielo. Un día, regresará. Ahora hagan lo que Jesús les dijo.

De modo que los discípulos regresaron a Jerusalén, muy felices. Fueron al templo y le dieron gracias a Dios por todo lo que había sucedido.

Antes de dejarlos, Jesús mandó a sus discípulos llevar su mensaje por todo el mundo.

*«Por la fe en
el nombre
de Jesús, este
hombre fue
sanado».*

*Hechos 3:16
NTV*

Los discípulos
siguieron
sanando y
haciendo
milagros.

¡Mejor que el dinero!

Había un hombre en Jerusalén que había sido paralítico toda su vida. Cada día, sus amigos lo llevaban hasta la puerta del templo. Él se sentaba allí a mendigar.

Una mañana, Pedro y Juan pasaron a su lado cuando iban al templo a orar.

—¿Pueden darme algunas monedas? —preguntó.

—No tengo dinero —dijo Pedro—. Pero puedo darte algo mejor. En el nombre de Jesús, ¡levántate y camina!

El hombre se levantó de inmediato, cantando alabanzas a Dios. Todos los que lo vieron quedaron asombrados.

¡No prediquen!

Pedro y Juan
replicaron:
«Nosotros no
podemos dejar
de hablar lo que
hemos visto y
oído».

Hechos 4:19-20

Los sacerdotes arrestaron a Pedro y a Juan por predicar acerca de Jesús. Los pusieron a ambos en la cárcel. Pero después de interrogarlos, los sacerdotes los liberaron. ¡Sanar a las personas no era contra la ley!

Sin embargo, ellos dijeron a Pedro y a Juan:

—No deben volver a predicar acerca de Jesús.

Pedro y Juan contestaron:

—Jesús nos mandó predicar. ¿Debemos obedecer a los hombres o a Dios?

¿Dejaron ellos de predicar?

Felipe ayuda a un africano

Los creyentes hablaban acerca de Jesús dondequiera que iban.

Un día, cuando Felipe estaba en un camino, encontró a un hombre de África sentado en su carruaje. El hombre estaba leyendo la Biblia, pero parecía confundido. No entendía lo que leía.

Felipe le explicó las Escrituras y le habló acerca de Jesús.

—¿Por qué no puedo ser bautizado? —preguntó el hombre.

—Sí puedes —dijo Felipe—, si crees de verdad.

—Yo creo que Jesús es el Hijo de Dios —dijo el africano.

Así que Felipe lo bautizó en un río.

Saulo conoce a Jesús

En Jerusalén vivía un hombre judío llamado Saulo. Él odiaba a los seguidores de Jesús.

Saulo quería ir a Damasco, para buscar creyentes y arrestarlos. Se llevó a algunos soldados para que lo ayudaran.

Cuando iba de camino, vio de repente una luz resplandeciente. Una voz dijo: «Saulo, soy Jesús. ¿Por qué tratas de hacerme daño?».

Saulo cayó al suelo. ¡Estaba ciego!

—¿Qué debo hacer, Señor? —preguntó Saulo, temeroso.

—Ve a Damasco y allí te dirán qué hacer —dijo el Señor.

«Yo soy Jesús, a quien tú persigues».

Hechos 9:5

¿Quién habló con Saulo en el camino a Damasco?

387

Historia 356

Ananías fue
valiente al
encontrarse
con Saulo,
cuando sabía
que él arrestaba
a los creyentes.

Saulo se convierte en Pablo

En Damasco vivía un creyente llamado Ananías.

—Ve a una casa en la calle Derecha —le dijo Dios—. Allí encontrarás a un hombre llamado Saulo. Quiero que le ayudes.

—¡Pero tengo miedo! —dijo Ananías—. ¡Este hombre Saulo ha estado arrestando a los seguidores de Jesús!

—Ahora es un hombre cambiado —le dijo Dios—. ¡Lo he escogido para contar las buenas noticias acerca de Jesús!

De modo que Ananías fue a ver a Saulo. Oró con él y Dios le devolvió la vista.

A partir de ese momento, Saulo siguió a Jesús. ¡Y cambió su nombre Saulo por Pablo!

Mientras Pedro estaba en la cárcel, la iglesia oraba fervientemente por él.

Hechos 12:5
NTV

Piensa cuántas historias puedes recordar en las que los ángeles ayudan a las personas.

¡Sin cadenas!

El rey Herodes empezó a maltratar a los creyentes en Jesús. Herodes mandó matar a Santiago, el hermano de Juan. Encerró a Pedro en la cárcel y pensaba matarlo también.

Los creyentes oraban mucho por Pedro.

Era la noche antes de su ejecución. Pedro estaba dormido en la cárcel, encadenado entre dos soldados.

Un ángel apareció y despertó a Pedro.

—¡Levántate rápido! —dijo el ángel.

Las cadenas cayeron de los brazos de Pedro.

—¡Ahora vístete! —dijo el ángel.

¡Abran la puerta!

El ángel condujo a Pedro, ¡y la puerta de la cárcel se abrió por sí sola! Luego el ángel desapareció.

Pedro corrió a la casa donde los creyentes oraban. Tocó a la puerta.

Una joven llamada Rode fue a la puerta. Cuando oyó la voz de Pedro, corrió hacia adentro gritando: «¡Pedro está aquí!».

—¡Imposible! —dijeron—. ¡Debe ser su ángel!

Sin embargo, Pedro insistió en llamar a la puerta, hasta que al final vinieron y lo dejaron entrar.

Pedro dijo: «El Señor ha enviado a su ángel para librarme del poder de Herodes».

Hechos 12:11

Pedro debió estar preocupado de que los soldados volvieran a apresarlo mientras llamaba a la puerta.

Los viajes de Pablo

Un creyente llamado Bernabé le pidió a Pablo que le ayudara a predicar las buenas noticias acerca de Jesús. Visitaron ciudades en Chipre y Turquía, hablando a muchos acerca de Jesús.

Cuando predicaban, a menudo se enojaban los judíos que no creían en Jesús.

Si un grupo de personas creía en Jesús, Pablo y Bernabé empezaban una pequeña iglesia. Más tarde, los visitaban de nuevo, para animar a los nuevos creyentes.

Pablo y
Bernabé
trabajaban
como
misioneros,
llevando las
buenas noticias
a personas de
otros países.

¡Terremoto!

Pablo también llevó a un amigo llamado Silas en sus viajes.

En una ciudad llamada Filipos, las personas se enojaron con su predicación. Los funcionarios mandaron golpear y encarcelar a Pablo y a Silas. Allí pasaron la noche orando y cantando.

Cerca de la medianoche, un terremoto azotó la cárcel. Las puertas se abrieron y las cadenas de los prisioneros se rompieron.

Cuando el carcelero vio las puertas de la cárcel completamente abiertas, pensó que sus prisioneros habían escapado. Se metería en problemas por dejarlos ir, así que tomó su espada para matarse.

—¡No te hagas daño! —le rogó Pablo—. ¡Todos estamos aquí!

El carcelero se postró delante de Pablo y Silas.

—¿Qué puedo hacer para ser salvo? —preguntó.

Pablo y Silas dijeron: «Cree en el Señor Jesús; así tú y tu familia serán salvos».

Hechos 16:31

Después de confiar en Jesús, el carcelero se bautizó.

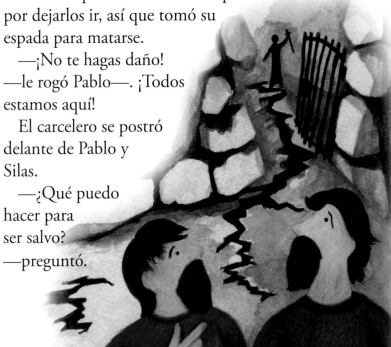

393

*Así la palabra
del Señor crecía
y se difundía
con poder
arrollador.*

Hechos 19:20

Pablo fue a la
sinagoga en
Éfeso y habló
a los judíos
acerca de Jesús.

¡Sin trabajo!

Pablo predicaba en una gran ciudad llamada Éfeso. Muchas personas empezaban a creer en Jesús.

Antes acostumbraban adorar a la diosa Artemisa. Compraban estatuas de plata de ella para poner en sus casas. Pero cuando se volvían cristianas, ya no querían estas pequeñas estatuas. Por eso, los artesanos que las fabricaban se quedaban sin trabajo.

—Estamos perdiendo dinero por culpa de la predicación de Pablo —dijeron—. Deshagámonos de él.

¡Protesta!

Dios los salvó por su gracia cuando creyeron. Ustedes no tienen ningún mérito en eso.

Efesios 2:8 NTV

Muchas personas en esta protesta ni siquiera sabían por qué estaban allí.

Los fabricantes de estatuas empezaron las protestas.

—¡Artemisa es grande! —gritaron—. ¡Saquemos a Pablo y a sus amigos!

—¡Esta protesta nos causará problemas a todos! —dijo el alcalde—. Todos cálmense y vayan a sus casas.

La protesta terminó y Pablo pudo salir de la ciudad sin sufrir daño alguno.

A Roma

Después de muchos viajes, Pablo regresó a Jerusalén. Allí, los soldados romanos lo arrestaron en el templo.

—Pablo es un alborotador —dijo el sumo sacerdote al gobernador romano Festo.

—¿Quieres ser juzgado en Jerusalén? —preguntó Festo a Pablo.

—¡No! —dijo Pablo—. Yo soy romano. Tengo derecho a que me juzgue César, el emperador romano.

Así que Festo envió a Pablo a la gran ciudad de Roma para su juicio.

¿Qué le sucedió a Pablo en Roma?

Tormenta en el mar

Al poco tiempo, Pablo estaba en un barco de camino
a Roma. Tras zarpar, aparecieron nubes oscuras
que presagiaban tormenta. Era una mala época del
año para hacer un viaje largo, pero el capitán había
decidido navegar.

La tormenta empeoró, y el viento
desvió al barco de su ruta. Durante
muchos días la tripulación luchó
para evitar que el barco se
hundiera.

Un ángel se apareció
a Pablo y le dijo:
«Dios protegerá
a todos los que
están en el
barco».

*Pablo se
levantó y les
dijo a todos:
«Dios no
dejará que
muera ninguno
de los que están
en el barco».*

Hechos 27:21,
24 TLA

*¿Se cumplió la
promesa del
ángel?*

Naufragio

Al cabo de dos semanas, vieron una isla. Unas olas enormes arrastraron el barco hasta las rocas y el barco empezó a despedazarse.

Sin embargo, todos llegaron a la orilla a salvo, tal como Dios había prometido a Pablo. Encendieron un fuego en la playa para calentarse. Pablo ayudó a recoger leña.

De repente, una serpiente salió de entre los leños y mordió a Pablo.

—¡Debe ser un hombre muy malvado! —exclamaron algunos—. Se salvó del naufragio pero ahora lo envenena una serpiente.

Pablo extendió su brazo y se sacudió la serpiente. Estaba ileso. Dios lo había cuidado otra vez.

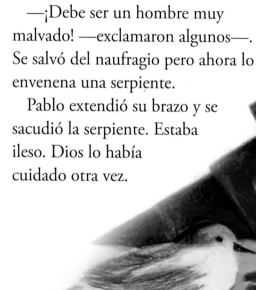

¡Por fin en Roma!

En la primavera siguiente, el capitán encontró un nuevo barco. Así pudieron continuar el viaje a Roma.

Al fin tocaron tierra en Italia. Los soldados llevaron a los prisioneros a la ciudad de Roma. Algunos seguidores de Jesús que vivían en Roma vinieron a recibir a Pablo.

Pablo vivió en Roma dos años, pero no se le permitía salir de su casa. Había guardias que lo vigilaban todo el tiempo. Sin embargo, nunca dejó de contar a otros las buenas noticias acerca de Jesús.

Pablo... recibía a todos los que iban a verlo... y enseñaba acerca del Señor Jesucristo.

Hechos 28:30-31

Creemos que César ejecutó a Pablo en Roma porque Pablo confiaba en Jesús.